李家幽竹
Yuchiku Rinoie

心と体を浄化して強運を呼び込む

パワースポット温泉

Power spots ONSEN

はじめに

温泉というのは、健康増進やリラックスのために行くものだと思っていませんか?

もちろん、温泉には、疲れを取ってくれたり、体の不調を取り除いてくれたりする力があります。ですが、温泉の持つパワーはそれだけではありません。

その昔、ネイティブ・アメリカンの人々は、傷を癒し、心身にパワーを与えてくれる温泉を「聖地」とし、神の力が宿る場所と考え、崇めていました。彼らは、温泉が人知を超えた強大なパワーを秘めていることを感じ取っていたのではないでしょうか。

温泉は、地球から発散されている生命エネルギーを丸ごと受け取ることが出来る唯一の場所。「生み出す」力を強くもつ温泉は、何かを成し遂げたい、人生を大きく変えたいなど、この先の道に新しい光をもたらしてくれるパワースポットなのです。

私は、日本各地、世界各地の温泉に直接足を運び、その温泉の持つパワーを長年に渡り研究、調査してまいりました。

本書では、私がこれまでに訪れた温泉の中から、特にパワーが強いと感じた温泉をピックアップして、その温泉から100%パワーをもらえるための方法をご紹介しています。市販の温泉ガイドのほとんどは「宿ガイド」で、温泉自体にスポットを当てているものはあまり見かけません。だからこそ、本書では温泉の泉質や周囲の環境など温泉そのものの情報にこだわりました。もちろん、宿の雰囲気は温泉選びのための大切な要素です。ですが、まずは温泉そのものにとことん向き合うことから、得られる運気を体感していただきたいのです。

大地の奥深くから湧き出し、強大なエネルギーを持つ温泉は、自分の運気を変え、より幸せな人生へと導いてくれる開運アイテム。ただ「温泉を楽しむ」だけではなく、自分の人生をより良い方向へ変えてくれるツールとして、温泉を活用していただければと思います。

本書が、皆様を幸せな人生へと導くきっかけとなれば幸いです。

李家幽竹

from Rinoie

パワースポット温泉◎目次

はじめに 02
この本の使い方 08

Chapter 1 温泉とパワースポット

温泉は五行がもつすべての運を吸収できる究極の開運スポット 10
温泉のもつ運気は泉質によって異なります 12
「パワースポット温泉」は普通の温泉とどこが違うの？ 16
山に囲まれた温泉は定着しやすく、川や海沿いの温泉は浄化力が大 20
パワースポットと温泉。どう違う？ どちらが強力？ 22
宿選びで何より大切なのは「居心地のよさ」と「清潔さ」 24
長湯がいいとは限らない？ 入浴は時間より回数を意識して 26
運を取り入れやすい入浴マナー&ルール5カ条 28
お風呂上がりには水を一杯。飲泉するなら入浴の前に 30
日帰り温泉で運気を上げたいなら入浴後にひと眠りして 32
温泉に行く前は掃除&プチ断食で運気の定着率をアップ 34
「入浴後24時間」の行動が運を決める 36
「3カ月に1回ペース」がパワーを保持する秘訣 38
コラム●アストロバイオロジーでも認められた温泉のパワー 40

Chapter 2

北海道地方

北海道　登別温泉　42
川湯温泉　44
丸駒温泉　46
ニセコ温泉郷　48
コラム●世界のパワースポット温泉――アジア篇　50

Chapter 3

東北地方

秋田県　乳頭温泉郷　52
宮城県　遠刈田温泉　54
山形県　赤湯温泉　56
蔵王温泉　58
銀山温泉　60
福島県　高湯温泉・奥土湯　川上温泉　62
会津東山温泉　64
コラム●世界のパワースポット温泉――東南アジア篇　66

Chapter 4

関東地方

群馬県　四万温泉　68
法師温泉　70
草津温泉　72
谷川温泉　74
栃木県　塩原温泉郷　76
那須&大丸温泉　78
神奈川県　箱根湯本温泉　80
箱根芦之湯温泉　82
湯河原&奥湯河原温泉　84
コラム●世界のパワースポット温泉――北米篇　86

Chapter 5

中部地方

静岡県　熱海温泉　88
天城湯ヶ島温泉　90
山梨県　奈良田温泉　92

山梨県　西山温泉　94
長野県　下諏訪温泉　毒沢鉱泉　96
野沢温泉　98
白骨温泉　100
湯田中渋温泉郷　102
岐阜県　奥飛騨温泉郷　104
新潟県　赤倉温泉　106
月岡温泉　108
石川県　山中温泉　山代温泉　110
コラム●世界のパワースポット温泉——南米・オセアニア篇　112

Chapter 6 近畿地方

和歌山県　白浜温泉　114
湯の峰温泉　116
兵庫県　有馬温泉　118
城崎温泉　120
コラム●世界のパワースポット温泉——中東・ヨーロッパ篇1　122

Chapter 7 中国・四国地方

鳥取県　三朝温泉　124
皆生温泉　126
島根県　玉造温泉　128
愛媛県　道後温泉　130
徳島県　祖谷温泉　132
コラム●世界のパワースポット温泉——ヨーロッパ篇2　134

Chapter 8 九州地方

佐賀県　嬉野温泉　136
大分県　別府温泉　138
由布院温泉　140
熊本県　黒川温泉　142
長崎県　雲仙温泉　144
鹿児島県　霧島温泉郷　146
指宿温泉　148

鹿児島県　妙見温泉　150

コラム● 世界のパワースポット温泉 ヨーロッパ篇3　152

Chapter 9
その他のパワースポット温泉

北海道　屈斜路湖、旭岳、白老　154

東北　蔦(青森)大湯(秋田)鉛(岩手)　154

鳴子、作並、秋保(宮城)　155

野地、二岐(福島)あつみ、赤倉(山形)　155〜156

関東　奥鬼怒、湯西川(栃木)　156

尻焼、猿ヶ京、水上、万座(群馬)　156〜157

中部　修善寺、雲見、熱川(静岡)奥蓼科、葛(長野)　157

上高地、小谷、中房、扉(長野)　158

湯沢、貝掛(新潟)大牧(富山)　158〜159

近畿　榊原(三重)那智勝浦、龍神(和歌山)　159

十津川(奈良)湯村(兵庫)　159

中国・四国　奥津、湯原(岡山)岩井(鳥取)温泉津(島根)　160

出雲湯村(島根)長門湯本、湯田(山口)　160〜161

九州　武雄、古湯(佐賀)長湯、筋湯(大分)　161

杖立、満願寺、山鹿、内牧(熊本)　161〜162

小浜(長崎)栗野岳(鹿児島)　162

Chapter 10
旅行風水の基本

旅行風水とは？　164

吉方位と凶方位　164

旅行風水の効果の表れ方　165

2人以上で旅行する場合　166

各方位がもつ基本的な運気　167

方位の測り方と西偏角度　168

吉方位表の使い方　170

2019〜2024の吉方位表　171

全国の自噴泉をご紹介します　180

この本の使い方

パワースポット温泉が
生まれた地理的な
背景までが
ひと目でわかります。
温泉旅行ガイドとして
ご活用ください。

1 この温泉で得られる運
この温泉を訪れることで
得られる運を紹介しています。

2 パワースポット温泉の特長や
気の性質、もらえる運気などを
詳しく紹介。
過ごし方のアドバイスも。

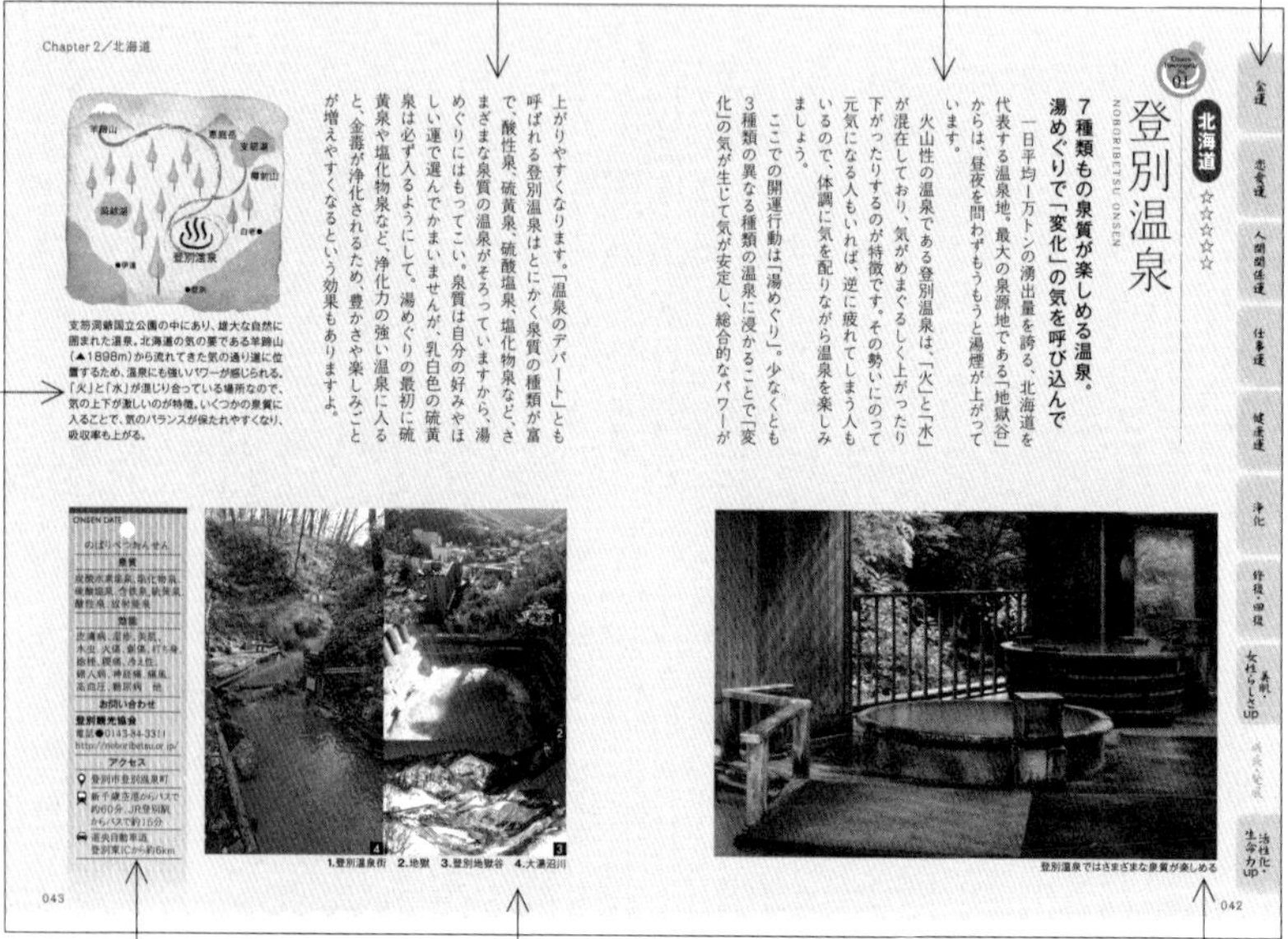
Chapter 2／北海道

北海道
登別温泉
NOBORIBETSU ONSEN
☆☆☆☆☆

7種類もの泉質が楽しめる温泉。湯めぐりで「変化」の気を呼び込んで

一日平均1万トンの湧出量を誇る、北海道を代表する温泉地。最大の泉源地である「地獄谷」からは、昼夜を問わずもうもうと湯煙が上がっています。

火山性の温泉である登別温泉は、「火」と「水」が混在しており、気がめまぐるしく上がったり下がったりするのが特徴です。その勢いにのって元気になる人もいれば、逆に疲れてしまう人もいるので、体調に気を配りながら温泉を楽しみましょう。

ここでの開運行動は「湯めぐり」。少なくとも3種類の異なる種類の温泉に浸かることで「変化」の気が生じて気が安定し、総合的なパワーが上がりやすくなります。「温泉のデパート」とも呼ばれる登別温泉はとにかく泉質の種類が富で、酸性泉、硫黄泉、硫酸塩泉、塩化物泉など、さまざまな泉質の温泉がそろっていますから、湯めぐりにはもってこい。泉質は自分の好みやほしい運で選んでかまいませんが、乳白色の硫黄泉は必ず入るようにして。湯めぐりの最初に硫黄泉や塩化物泉など、浄化力の強い温泉に入ると、金毒が浄化されるため、豊かさや楽しみごとが増えやすくなるという効果もありますよ。

支笏洞爺国立公園の中にあり、雄大な自然に囲まれた温泉。北海道の気の要である羊蹄山（▲1898m）から流れてきた気の通り道に位置するため、温泉にも強いパワーが感じられる。「火」と「水」が混じり合っている場所なので、気の上下が激しいのが特徴。いくつかの泉質に入ることで、気のバランスが保たれやすくなり、吸収率も上がる。

1.登別温泉街　2.地獄　3.登別地獄谷　4.大湯沼川

登別温泉ではさまざまな泉質が楽しめる

043　042

5 この温泉に影響を与えている
周辺環境の説明。
周囲の山や川との関係が
ひと目でわかります。

4 泉質、効能、
問い合わせ、所在地と
アクセス方法を
明記しています。

3 写真のキャプション
温泉に関連する
見どころや絶景を紹介。

Chapter 1 温泉とパワースポット

Onsen and Power spots

1

温泉は五行がもつすべての運を吸収できる究極の開運スポット

風水では、温泉に入ることはあらゆる運を底上げしてくれる究極の開運行動だと考えます。というのも、温泉は、大地の鉱物や金属成分(=「金」の気)を含んだ水(=「水」の気)が、地熱(=「火」の気)によって温められ、地中(=「土」の気)から湧き出たもの。これに入浴する(=「木」の気)ことによって、五行がもつすべての運を吸収できるからです。

温泉には多種多様な成分が含まれています。その成分を吸収することで病気が治ったり肌がきれいになったりする薬効があるということは、古くから知られていますが、実はそれらの成分は体だけでなく、運気にも大きな影響を及ぼしているのです。頻繁に温泉に入っている人は、悪い気が体にたまらなくなり、五行すべての運気が鍛えられていきます。つまり、知らず知らずのうちに「運のいい体質」になっていくのです。

また、温泉には、その土地のもつ気が溶け込んでいるので、ゆったりとお湯に浸かるだけで、土地のもつ豊かな気を自分のものにすることができます。

ただし、温泉ならどこでもいいというわけではありません。温泉の主成分は「水」ですが、「水」というのは周囲の環境はもちろんのこと、そこに集まる人が発する言葉や考え方など、ありとあらゆるものを吸収する性質があります。そのため、周囲の環境がよくない温泉や、悪い気をもっている人が集まる温泉に入ると、逆に温泉に溶け込んだ悪い気を自分の体に取り込むことになってしまうのです。

温泉はそれ自体が悪いものを浄化するパワーをもっているため、湧いて間もない生きた温泉であれば、多少の悪い気は浄化してくれます。でも、加水式や循環式の温泉だと、その効果はあまり期待できません。ですから、後で詳しくお話しするように、温泉に行くときはできるだけ自噴温泉、または源泉に近い温泉を選ぶようにしましょう。

また、あまり手入れのされていない不潔な温泉は、いくら効能が高いといわれていても運気的には×。マナーの悪い人が多く集まる温泉も避けたほうがいいでしょう。

Onsen
and
Power spots

2

温泉のもつ運気は泉質によって異なります

温泉は、泉質によってもっている運が異なります。たとえば硫黄泉なら金運や金毒浄化、炭酸水素泉なら愛情運や女性の運気を高めてくれる、といったように、含まれる成分によって得られる運が違うのです。本書では、この泉質ごとの運気をベースに、周囲の環境や土地の気なども考え合わせたものを、それぞれの温泉の運気としてご紹介しています。

出かけた先に泉質の異なる温泉がいくつもある場合は、自分のほしい運をもっている泉質を選んで入ってみるのもひとつの手。さらに時間があれば、違う泉質の温泉をはしごしてみましょう。異なる泉質の温泉に入ることで「変化」の気が生じ、温泉のパワーがより定着しやすくなります。

1 単純温泉

あらゆる運気を活性化。アルカリ性単純泉は恋愛運に◎

得られる運気

人間関係運　恋愛運　健康運　仕事運　浄化　修復・回復

特徴と風水的な効果

泉温が25度以上あるものの、溶存成分が1キロ中に1000ミリグラム未満の温泉。日本でいちばん多いのがこの泉質の温泉です。温泉成分が薄い＝効果が薄いと思われがちですが、あらゆる運気を活性化する力をもつと同時に、心や縁を修復し、滞りをなくしてくれる効果があります。疲れているとき、ストレスを解消したいときには最適。とりわけ、pH8.5以上のアルカリ性単純温泉は強い「水」の気があり、自分に欠けているものを修復する力が強いので、恋愛運や愛情運がほしい人におすすめです。失恋の痛みを癒したい人にも最適。

また、異なる泉質の温泉とはしごすると、その泉質のもつパワーをサポートしてくれる働きもあります。

代表的な温泉地

・箱根湯本（神奈川県）　・道後（愛媛県）
・鬼怒川（栃木県）　・由布院（大分県）

2 硫黄泉

金毒浄化&金運アップ効果大。臭いが強ければ強いほどパワフル

得られる運気

浄化（特に金毒）
金運

特徴と風水的な効果

硫黄もしくは硫化水素を主成分とする温泉で、日本では比較的多く見られます。

硫黄泉は、ひと言で言えば「金運温泉」。豊かさを与えてくれるほか、浪費体質を改善するなど、お金に関する毒を流してくれます。「金」の気を活性化させる力があるので、日々の生活が楽しく感じられない、幸せや充実感がないという人に、喜び事や楽しみ事を与えてくれる運気もあります。

なお、硫黄泉といえば、卵の腐敗臭に似た独特の臭いがすることが多いですが、これは硫化水素によるもの。この臭いが強ければ強いほど、金運をもたらす効果が強くなります。また、この臭いが鼻について気持ち悪いと感じる人は金毒がたまっているので要注意。

代表的な温泉地

・川湯（北海道）
・月岡（新潟県）
・白骨（長野県）
・湯の峰（和歌山県）
・野沢（長野県）
・雲仙（長崎県）

3 塩化物泉

「塩」が悪いものを徹底浄化。運の体質改善にもおすすめ

得られる運気

浄化
人間関係運
仕事運

特徴と風水的な効果

塩素イオンとナトリウムイオンを多く含む温泉で、特に海辺の温泉に多くみられます。保温効果が高く、発汗作用に優れています。

風水的には「浄化」の力が強いので、運を根本からリセットしたい、しがらみを断ち切りたいときなどに入ると効果的。定期的に入ると、悪いことを寄せ付けにくい体質に。

代表的な温泉地

・熱海（静岡県）
・白浜（和歌山県）
・城崎（兵庫県）
・指宿（鹿児島県）

4 含鉄泉

「火」の毒をクリアに。浪費グセがある人はぜひ入って

得られる運気

浄化（特に火毒）
金運
活性化・生命力up

特徴と風水的な効果

鉄分を多く含む温泉で、湧出時は無色透明ですが、酸素に触れることで鉄分が酸化し、赤褐色や緑褐色に変わります。

カッとなりやすい性質や浪費ぐせなど、「火」の毒を防いでくれるので、特に借金に困っている人はぜひ入って。また、活力を与え、生命力を高めてくれる働きもあります。

代表的な温泉地

・登別（北海道）
・有馬（兵庫県）
・霧島（鹿児島県）

5 炭酸水素塩泉

重炭酸土塁泉は地盤を強め、重曹泉は「水」の気を豊かに

得られる運気

〈重炭酸土塁泉〉
浄化（特に土毒）

〈重曹泉〉
美肌・女性らしさup
恋愛運
健康運

特徴と風水的な効果

炭酸水素塩泉は、カルシウムイオン、マグネシウムイオンを多く含む「重炭酸土類泉」と、ナトリウムイオンを多く含む「重曹泉」のふたつに大きく分けられます。

「重炭酸土類泉」は、「水」と「土」の気を循環させ、土台を強くしてくれる温泉。ベースを強化し、目標を育ててくれます。また、腰が重い、面倒くさがって動かないなど、土がもたらす毒を解消し、体も運も軽やかにしてくれます。

「重曹泉」は「水」の気が強く、愛情を豊かにし、女性らしさやみずみずしさを与えてくれます。年を重ねた女性に女性らしい魅力を取り戻させる効果も。また、親しい人との仲を深めたり、信頼度を高めたりするほか、健康運アップにも効果的です。

代表的な温泉地

・乳頭（青森県）
・赤倉（新潟県）
・奥飛騨（岐阜県）
・嬉野（佐賀県）
・別府（大分県）

6 硫酸塩泉

浄化と回復の力をもつ温泉。ストレス解消や金運アップにも

得られる運気

浄化
修復・回復
金運
人間関係運
健康運
仕事運

特徴と風水的な効果

陰イオンとして硫酸イオンが主成分の温泉。含まれる陽イオンの種類によって、ナトリウム-硫酸塩泉、カルシウム-硫酸塩泉、マグネシウム-硫酸塩泉などに分かれます。

いずれも浄化と回復の力が強く、特にナトリウム-硫酸塩泉は浄化のパワーが大。心の滞りをなくし、強いこだわりを消し去ってくれます。塩化物泉（13ページ）とよく似たパワーをもつ泉質です。

カルシウム-硫酸塩泉は、運の修復力が強く、特にストレスがたまっているときに入ると回復が早まります。

マグネシウム-硫酸塩泉は、浄化のほか、金運アップにも効果的。地盤を強化するとともに、楽しみ事を呼び込んでくれます。

代表的な温泉地

・旭岳（北海道）
・遠刈田（宮城県）
・作並（宮城県）
・四万（群馬県）
・法師（群馬県）
・天城湯ヶ島（静岡県）

7 含よう素泉

浄化とリニューアルを促進。今すぐリセットしたい人に◎

得られる運気
浄化

特徴と風水的な効果
温泉水1キロ中にヨウ化物イオン10ミリグラム以上含む温泉。平成26年に新たに加えられた泉質です。殺菌作用のあるヨウ素は、風水的にも悪いものを滅する力があります。特に今直面しているトラブルから抜け出したいとき、今すぐ何もかもリセットしたいときなど、即効性がほしいときにおすすめ。

代表的な温泉地
・晩成（北海道）―・白子（千葉県）―・酒々井（千葉県）

8 二酸化炭素泉

気を上昇させ、活力をアップ。成長や発展を促し、若返り効果も

得られる運気
成長・発展　浄化　活性化・生命力up

特徴と風水的な効果
二酸化炭素（炭酸ガス）が溶け込んだ温泉。炭酸ガスによる細かい泡が特徴で、「ラムネの湯」「泡の湯」などとも呼ばれます。風水的には「木」の気が強く、気を上昇させる効果があるとされています。「進む」という運気が強く、成長や発展、向上を促してくれます。やる気を失ったときに入ると効果的。また、気を若返らせてくれる効果も。

代表的な温泉地
・有馬（兵庫県）―・別府（大分県）―・妙見（鹿児島県）

9 酸性泉

才能や能力を活性化。自分自身を生かす道が見つかります

得られる運気
活性化・生命力up　浄化

特徴と風水的な効果
水素イオンを多く含む温泉で、口に含むと酸っぱい味がします。殺菌力が強く、肌にピリピリした刺激を感じることも。

自分がもっているものを引き出し、それが才能や能力などよいものならさらに伸ばし、悪いものなら浄化してくれる力があります。自分に自信がない人、進むべき道が見つからない人におすすめ。

代表的な温泉地
・塩原（栃木県）―・蔵王（山形県）―・草津（群馬県）

10 放射能泉

強い「火」で細胞から運を活性化。清浄な環境で入浴を

得られる運気
活性化・生命力up

特徴と風水的な効果
放射性物質であるラドンを含む温泉。強い「火」の気があり、細胞レベルで運を活性化させてくれます。人生の目標を探している人、道を見つけたい人におすすめ。ただし、陰が強い環境では逆に悪い気を呼んでしまうので、清浄できちんと手入れされた空間で入浴しましょう。泊まる宿も、古くてもいいので清潔なところを選んで。

代表的な温泉地
・増富（山梨県）―・三朝（鳥取県）

Onsen and Power spots

3

「パワースポット温泉」は普通の温泉とどこが違うの？

本書で紹介している温泉は、いずれも私が訪れて強いパワーを感じたところです。それらを本書では「パワースポット温泉」と呼んでいますが、それらの温泉と「普通の温泉」は、どこが違うのでしょうか。

私が考える「パワースポット温泉」とは、以下の6つの条件をクリアしている温泉です。

1 成分の効能が高い

温泉自体の成分が濃く、効能が高いこと。これは必須条件です。成分が濃ければ濃いほど、もたらす運も大きくなります。

2 自噴、もしくは源泉に近い

温泉の成分というのはいわば「生もの」。地中から湧き出してから時間が経つとどんどんパワーが薄れていってしまいます。ですから、ベストなのはすぐ足元から温泉が湧き出している自噴泉。自噴でないとしても、源泉からあまり離れていないところがベスト。

3 源泉掛け流しである

温泉は源泉をそのまま吸収するのが最も効果的。加水したりお湯を循環させたりすると、その分だけパワーは薄まってしまいます。また、循環式の場合、消毒のために塩素が加えられており、それも温泉のパワーを弱める一因に。源泉掛け流しで得られるパワーが5だとすると、循環式の場合は2ぐらいと考えてください。

4 清浄である

温泉の主成分である「水」は、いろいろなものを吸収しやすい性質があるため、周囲にある悪いものや不浄な気も吸収してしまいます。ですから、温泉自体に強いパワーがあっても、浴場の掃除が行き届いていなかったり、気が淀んでいたりするところは、パワースポット温泉とはいえません。

5

近くに山や川など、パワーを感じる自然条件がある

温泉が湧き出す場所はさまざまですが、山や川などの自然に囲まれた温泉には、街なかの温泉にはない強いパワーがあります(山、川、海などのもたらす運気については、20・21ページを参照)。

6

遊興施設ではなく、温泉そのものを純粋に楽しめる場所である

レジャーランド的な温泉施設がダメだというわけではありませんが、温泉そのものに特化している=温泉に気を使っているということ。その気が温泉のもたらすパワーの差となって表れてくるのです。温泉から運をもらいたいなら、温泉そのものをじっくり堪能できるところに行きましょう。

本書では、私自身が足を運び、実際にパワーを体感した温泉だけを紹介しているため、これらの条件にあてはまる「パワースポット温泉」はまだまだたくさんあるはず。もしかしたら、みなさんの家の近くにも、知られざるパワースポット温泉があるかもしれませんよ。

Onsen
and
Power spots

4

山に囲まれた温泉は定着しやすく、川や海沿いの温泉は浄化力が大

温泉に入るということは、その周囲の環境の気も一緒に取り込むということ。どんな場所にあるのか、温泉からどんな風景が見えるのかによって、そこから得られる運気も違ってきます。さらに、雪や桜、紅葉など、その季節ならではの景色を眺めながら温泉に入ると「時」の運が強まるため、チャンスや活性化などの気が得られます。

山が見える温泉

温泉の気が最も定着しやすいのがこの温泉。山を見ながら温泉に入ることで温泉の気が定着し、何度も入ることでさらにそれが蓄積されるため、温泉成分を長く体内に保持しておけます。

海が見える温泉

海には悪いものや毒を浄化してくれる力があるので、悪運をリセットしたい、悪縁を断ち切りたいというときに入ると効果的。また、悪いものを自分のパワーに変えたり、新しいものを生み出したりする効果もあります。

川、湖が見える温泉

どちらも「水」の気が作用するため、温泉成分が体に浸透しやすくなります。川の場合は、それに加えて浄化のパワーも得られます。海にも浄化のパワーがありますが、トラウマなど心の傷を癒やしたい人、内にこもった悪いものを流したいという人は、川沿いの温泉がおすすめ。

森林が見える温泉

森や林が見える温泉は、山と同じように定着率を高めてくれます。ただし、定着した気が蓄積していく山に対し、森や林はその気が活性化するのが最大の特徴。新しいことを始めたいとき、やる気を高めたいときなどに入ると効果的です。

Onsen and Power spots

5

パワースポットと温泉。どう違う？ どちらが強力？

「温泉とパワースポット、どちらのほうが開運効果が高いですか？」とよく聞かれるのですが、そもそもこのふたつは似ているようで違うものです。

パワースポットは、大地の生気が凝縮され、勢いよく噴出している、いわば大地のツボのような場所。風水では「龍穴」と呼ばれ、特定の地理的条件が整ったところにしか生まれません。

一方、温泉は、土地の気や大地に含まれる鉱物や金属成分などが溶け込んだ水が、地熱によって温められて噴出したもの。必ずしも風水的なパワーがある土地に湧いてくるとは限りません。風水では、温泉には「木火土金水」、つまり五行すべての気が含まれているとされ、温泉に浸かることですべての運気を吸収できるといわれています。

パワースポットがもたらしてくれるのは、大きな変化やチャンス。それに対して、温泉はどちらかというと運気の底上げをしたり、運を手に入れやすい体質にしてくれたりする場所です。どちらが強い、弱いというより、働きが違うのです。

ですから、パワースポットと温泉は、どちらかひとつを選ぶのではなく、目的や望みに合わせて上手に使い分けたいもの。今すぐ願いを叶えたい、これまでの人生をリセットしてやり直したいなど、大きく運を動かしたいならパワースポットへ、運気を全般的に上げたい、たまった毒を流したい、全般的に運を鍛えたいというときは温泉へ、というように、そのときの自分に合う場所に出かけてみてください。

もちろん、温泉旅行に出かけたときに、近くにパワースポットがあるなら、ぜひ立ち寄って。できれば、最初にパワースポットで生気を吸収してから温泉に入るようにすると、温泉の気の吸収率がグンと高まります。

ただし、パワースポットの近くにある温泉＝運のいい温泉とは限らないので、その点はご注意を。パワースポットのように強い光（＝陽）のそばには必ず濃い闇（＝陰）が存在します。パワースポットの力が強ければ強いほど闇も濃くなるので、用心を。なんとなく嫌な感じがしたら、その温泉には立ち寄らないほうがいいでしょう。

Onsen and Power spots

6

宿選びで何より大切なのは「居心地のよさ」と「清潔さ」

泊まりがけで温泉に行くときは、宿選びが重要です。どんなにすばらしい温泉でも、入浴後に過ごす部屋が心地よい場所でないと、せっかく吸収した温泉成分が運として定着しないからです。

どんな空間を「居心地がいい」と感じるかは人によって異なります。和室でないと落ち着かないという人もいれば、ホテルのようにこぢんまりした部屋に居心地のよさを感じる人もいるでしょう。また、食事やサービスを第一に考える人もいれば、アメニティが充実しているかどうか、あるいは部屋のインテリアがおしゃれかどうかが重要だという人もいるでしょう。あなた自身が「心地いい」と感じるなら、どんな宿でもかまいません。

ただし、大切な条件がひとつだけあります。それは「清潔である」こと。設備や建物が古くても清潔であればＯＫです。逆に新しくてもどことなく掃除が行き届いていないような宿は、温泉にもその不浄な気が溶け込んでいるので要注意。

「この温泉に行きたいけど、近くに泊まりたい宿がない」という場合は、近隣エリアで好みに合う宿を探し、そこに宿泊して日帰りで温泉に入りに行くのもひとつの手ですよ。

なお、宿を選ぶときには金額もひとつの基準になりますが、「予算はここまでだから」と金額にこだわりすぎるのは禁物。「ここに泊まりたい」というワクワクした気持ちに、「絶対にこの金額以下でないとダメ」と強制的にふたをするのは、運気の吸収率を下げることにつながります。予算を決めるときは「だいたいこれくらいの金額で」というように、ある程度幅をもたせておき、その範囲内で決めるようにしましょう。

また、「○○さんが教えてくれた宿なら間違いないからそこにしよう」「このサイトでおすすめナンバーワンの宿にしよう」などと、宿選びを他人任せにするのもNG。「選ぶ」というのは「気を入れる」行為です。その部分を自分以外の人に任せてしまうと、温泉に入ってもそこから「気をもらう」ことはできません。他人の意見を参考にするのはかまいませんが、決めるときは自分自身で判断を下しましょう。

Onsen and Power spots

7

長湯がいいとは限らない？入浴は時間より回数を意識して

運気を上げたいからと、無理をして長時間お湯に浸かった揚げ句、のぼせてしまった……そんな経験はありませんか？　温泉で大切なのは、入浴時間より回数。温泉の成分は、お湯に浸かるごとに少しずつ蓄積されていきます。もちろん、長く浸かっていられるならそれに越したことはありませんが、湯あたりして疲れてしまっては元も子もありません。それに、長々と入浴すると、「さっきたっぷり浸かったから、今日はもう入らなくてもいいや」という気持ちになることも。それくらいなら、一回一回は短く切り上げるようにして、その分、何度も入ったほうがずっと効果的です。

ちなみに私は、到着してすぐ、夕食前、寝る前と、初日だけで3回は入るのが常。そんなに何回も入ってもと思われるかもしれませんが、ただ湯船に浸かってリラックスしているだけで十分効果があります。

お湯が熱い、あるいは温泉成分が濃くて肌がピリピリする、というときは、無理に全身浸からなくても、足だけお湯に浸けていればＯＫ。たまに手をお湯に浸し、百会（頭頂にあるツボ）にぴちゃぴちゃとつけるようにすると、頭と足の両方から成分を吸収できますよ。

なお、同じ旅館に大浴場が複数ある場合は、なるべくいろいろなお風呂に入ってみるようにしましょう。宿によっては、複数の源泉からお湯を引いていて、浴場ごとに泉質のお湯に入れるようになっていることもあります。違う成分の温泉をはしごすると「変化」の気が生じ、吸収率がよくなりますし、たとえ成分が同じでも、違う「場」に行けば「変化」が生じて運気が定着しやすくなります。泊まった部屋に露天風呂がついていて、大浴場は別にある、という場合も、ぜひ部屋のお風呂だけでなく、大浴場にも足を運んでみてください。

Onsen and Power spots

8

運を取り入れやすい入浴マナー&ルール5カ条

入浴マナーを守ることも、温泉パワーの吸収率を上げることにつながります。ここでは、より運を取り入れやすくするために心がけてほしいマナー&ルールをご紹介します。ぜひ心にとどめておいてくださいね。

1 お湯に浸かる前に全身を清浄に

まずお湯に浸かり、温まってから体を洗うという人も多いですが、風水的には先に体も髪も洗い、清浄にしてからお湯に浸かったほうが吸収率がよくなります。メイクを落とさずにお湯に浸かっている人をときどき見かけますが、これは絶対にNGです。

2 長い髪はまとめて入る

濡れた髪が肌に張り付くのは不快なもの。たとえ自分では感じない程度の不快感でも、それが運の吸収率を下げる元になるので、長い髪はまとめて入浴しましょう。

3 ほしい運を思い浮かべて入る

思い浮かべる＝自覚することで運が入ってきやすくなります。自分の欠点や反省事項など、マイナスのことは頭から追い出し、今感じている心地よさに身をゆだねて。

4 お風呂の中では楽しい会話を

水は言霊のパワーをそのまま吸収するので、愚痴や悪口などは口に出さず、楽しい会話を心がけて。部屋のお風呂に一人で入るなら、本を読みながら入ってもいいですね。

5 内湯、外湯がある場合は両方入る

内風呂のメリットは、浴室内にこもる湯気からも温泉成分を吸収できること。それに対して外湯＝露天風呂では、温泉に浸かりながら見える外の自然環境からも気を取り込めます。どちらにもそれぞれのよさがあるので、両方入るのがベストです。

Onsen and Power spots

9

お風呂上がりには水を一杯。飲泉するなら入浴の前に

温泉に入った後は、冷えたビールで喉をうるおす……それが温泉の一番の楽しみだという人もいるかもしれません。実はこれも開運行動。温泉の成分を吸収した後にお酒を飲むと、体内の循環がよくなり、運気が上がりやすくなるのです。ただし、お風呂上がりにいきなりビールをごくごく飲むのではなく、その前にまず水を一杯飲んで。悪い気が洗い流されて温泉成分が浸透しやすくなります。できればキンキンに冷えた水より、常温に近いもののほうがよいのですが、無理なら冷たくてもかまいません。その土地の水であればなおいいですね。

ちなみに、温泉のなかには、飲泉できるところもありますが、その場合は入浴の前に飲むのがベストタイミング。入浴したときの吸収率がアップします。おいしくなければ口に含むだけでもＯＫですよ。我慢してたくさん飲むと逆に運気が下がるので、無理はしないこと。

また、お風呂から上がった後は、体をゆるめてリラックスすると、温泉のパワーがより定着しやすくなるので、ダラダラ、ゴロゴロするのが一番。旅館に泊まる場合は浴衣が用意されていることも多いですが、のりがきいていて着心地が悪い、あるいは着崩れが気になってくつろげないという人もいるかもしれません。そんなときは、スウェットの上下やゆったりしたワンピースなど、体を締め付けないようなリラックスウェアに着替えると体の緊張がゆるみ、パワーが定着しやすくなりますよ。

Onsen and Power spots

10

日帰り温泉で運気を上げたいなら入浴後にひと眠りして

旅行の場合、現地に滞在する時間が長ければ長いほど、その土地からたくさんのパワーをもらえますが、温泉のパワーを吸収するだけなら、日帰りでも宿泊でも同じ。

ただし、温泉の成分を運として定着させるためには、現地でゆったりのんびり過ごして充実感を得ることが大切です。周辺観光を楽しむのももちろんいいのですが、着いてすぐに温泉に入り、上がったらすぐにまた別の場所へ、というように慌ただしく過ごしていると、せっかく吸収した気がまた出ていってしまいます。温泉のパワーをしっかり定着させたいなら、短い時間に欲張ってあれこれ詰め込むようなことはせず、温泉メインと割り切ってゆったりと過ごすようにしましょう。

歩いて移動できる場所に複数の温泉があるなら、温泉のはしごがおすすめ。違う成分の温泉に入ることで「変化」の気が生じ、吸収率がよくなりますし、たとえ成分が同じでも、違う「場」に行けば「変化」が生じて運気が定着しやすくなります。ただし、「全部制覇しよう」などと張り切りすぎないこと。無理をして疲れてしまっては元も子もありません。最後まで、「ああ、疲れた」ではなく、「ああ、楽しかった」という気持ちでいられるような過ごし方を心がけましょう。

温泉に浸かった後は、おいしいものを食べたり、お酒を飲んだりするのもいいのですが、いちばん効果的なのは、短時間でいいので「眠る」こと。人の体は眠ると「水」の気になり、そうなって初めて温泉の成分が体に取り込まれるという仕組みになっているからです。宿泊する場合は、夜眠るときに成分を取り込めますが、日帰りだとそうはいきません。日帰り温泉施設なら、休憩室など横になって過ごせる場所があることが多いので、そこで30分から1時間ほど仮眠をとるのがおすすめです。マッサージを受けながら寝るのもいいですし、そういった施設がない場合は、手頃な値段の宿で部屋を取って仮眠し、宿泊せずに帰ってくるというのもひとつの手です。なお、眠ることで温泉成分が定着するのは、現地にいる間だけ。帰りの電車内など、移動中に眠っても意味がないということも覚えておいてください。

Onsen and Power spots

11

温泉に行く前は掃除&プチ断食で運気の定着率をアップ

温泉に行く前にやっておくといいこと。それは、プチ断食。体が満たされた状態で行くより、多少飢えている状態で行ったほうが、運気の吸収率がよくなるからです。体にたまった悪いものや毒を出してから行くことで、運気を吸収しやすくなるというメリットもあります。

断食は、徐々に食べるものを減らして体を慣らしていく「準備期間」、本格的に食事を断つ「断食期間」、消化のよいものを食べて体を回復させる「回復期間」というように、段階を踏んで行ないます。プチ断食の場合、それらにトータル3日間かけるのが一般的ですが、難しければ、出発前日だけでも軽い断食を。三食のうち一食を抜く、あるいは酵素ジュースなどに置き換えるだけでも、効果がありますよ。

スペースを空けておくことが大切なのは、家の中も同じ。家の中にものがぎっしり詰まっていると、持ち帰ってきた気が入るスペースがないため、空間に気が定着しません。また、帰ってきてすぐにごちゃごちゃした空間を目にすると、せっかく吸収した温泉のパワーが目減りしてしまうので、出発前に入らないものは処分し、家のなかをきれいな状態にしてから出かけましょう。

温泉に滞在している間は、充実感を味わうことが何よりも大切なので、おいしいものを食べてのんびり過ごしましょう。朝日を浴びる、夕日を浴びる、五味（甘・辛・酸・苦・鹹＝塩辛い）をとる、よい言霊を口に出すといった行動を心がけると、より運気の吸収率がよくなります。

また、温泉に出かけたときは、スマートフォンや携帯電話、タブレットなどは、なるべく手元から離しておくようにして。これらは便利な半面、電磁波（＝悲い「火」の気）を発し、それが蓄積されると運にも環境にも悪影響を与えるからです。もちろん目的地に着くまでのナビとして、あるいは検索ツールとして利用するのはＯＫですが、宿に着いたらそれらがなくても用は足りるはず。たとえば「夕食後までは見ない」と決めて、スマホを部屋の金庫にしまうなど、ほんの数時間でいいのでデジタル断食をしてみましょう。それをするかしないかで、得られる運気が大きく変わってきます。

Onsen and Power spots

12

「入浴後24時間」の行動が運を決める

温泉のパワーは、入浴してすぐに運に変わるわけではありません。入浴したり飲泉したりすることによって体に吸収された温泉成分は、入浴後24時間ほどは体の中にとどまり、その後2日ほどかけて運に変換されていきます。

ただし、入浴後すぐに慌ただしく動き回ったり、いくつもの温泉をはしごして疲れてしまったりすると、せっかく吸収した温泉のパワーも、運として変換される前に消耗されてしまいます。

つまり、温泉のパワーが運に変換される前の24時間をどう過ごすかで、その後の運は大きく変わってくるのです。

大切なのは、とにかくゆっくりのんびり過ごすこと。たとえ日帰りでも、入浴後2、3時間は、食事をしたり休憩所で昼寝をしたりしてゆったり過ごしたいものです。温泉のはしごをするなら、疲れてしまわないよう、無理のない範囲で。体を

ほぐすと温泉の成分が浸透しやすくなるので、ストレッチをしたりマッサージを受けたりするのもいいでしょう。また、疲れてしまうような激しい運動はＮＧですが、カフオケや卓球などは「充実」につながるのでおすすめです。

さらに、食べるものにも気を配って。うっかりまずいものを食べてしまったら、すぐに別のもので口直しをしましょう。お酒を飲むのもいいですが、飲みすぎると逆効果なので、くれぐれも注意してください。

また、人は目で見るものからも大きな影響を受けます。温泉に入った後に汚れたものやごちゃごちゃした空間を目にすると運気がガクンと落ちるので、日帰りの場合は特に、出発前の掃除を忘れないようにしましょう。

Onsen and Power spots

13

「3カ月に1回ペース」がパワーを保持する秘訣

あなたは、どれくらいの頻度で温泉に行きますか？ 半年に1回？ それとも1年に1回？「ここ2年くらい、一度も温泉に行けてないな」という人もいるかもしれませんね。

温泉で吸収したパワーは体の中にどんどん蓄積されていくので、その後しばらく温泉に入らなくても消えてしまうことはありませんが、数年に一度しか温泉に入らない人は、温泉のパワーが体の奥深くに沈殿してしまっていて、浮かび上がってくるのに時間がかかるため、せっかく温泉に入ってもその効果がなかなか表れません。それに比べて、しょっちゅう温泉に入っている人は、温泉のパワーが常に活性化している状態なので、温泉の成分がすぐに運として変換されやすくなります。ですから、運気的には、ある程度定期的に温泉に入るようにしたほうがいいのです。

理想は、「月1ペースで、本書で紹介しているようなパワースポット温泉に入る」こと。それが難しければ3カ月に1回のペースでもいいので、コンスタントにパワー

スポット温泉に出かけましょう。「家の近くにパワースポット温泉がなく、そんなに頻繁には行けない」という人は、近場の温泉銭湯でもＯＫです。

それも無理なら、温泉地などで売られている「湯の花」を自宅のお風呂に入れて入浴するというのもひとつの方法です。湯の花は、温泉の成分が沈殿、固形化したもので、温泉地のおみやげとして売られているほか、通信販売で買えるものもあるので、忙しくて温泉に行けないときの助っ人アイテムとして常備しておくといいですね。

ただし、温泉銭湯や湯の花は、あくまでも補助的なもの。それらだけではパワースポット温泉と同じだけのパワーは維持できませんから、やはり半年に1回は本物のパワースポット温泉に行くようにしたいものです。

アストロバイオロジーでも認められた温泉のパワー

イエローストーン国立公園

温泉には数多くの効能成分が含まれ、その働きによって病気や心身の不調が治るということは、すでに科学的に認められている事実。でも、温泉のもっているパワーは、それだけではないのです。

最新の生物学やアストロバイオロジー（宇宙生物学）の研究では、宇宙で最初の生命体は温泉で誕生したのではないかという説が有力になってきているそう。

考えてみれば、温泉には「水」と「熱」という生命誕生に不可欠な要素がそろっているだけでなく、そこにさまざまな成分をもつ物質が混ざり合っています。しかも、それが常にフレッシュな状態で地中から噴き出し続けているのですから、そこに何らかの化学変化が起こり、新たな命が生まれたという仮説は、決して絵空事ではないように思われます。

温泉はまさに「命を育む水」だった！

実際、アメリカのイエローストーン国立公園内の温泉をはじめとする複数の温泉で、バクテリアなどの微生物集団が構築する堆積物が見つかっています。温泉は、まさに生命を生み出し、育む「命の水」だったのです。今後、研究がさらに進めば、温泉が生命誕生のプロセスにどう関わってきたかがより具体的に明らかになることでしょう。

そんな強大なパワーを、ただ浸かるだけで体感できるのが温泉のすばらしいところ。ぜひあなたも、じっくりと温泉に浸かり、そのパワーを運に変えていってください。

Chapter 2

北海道地方

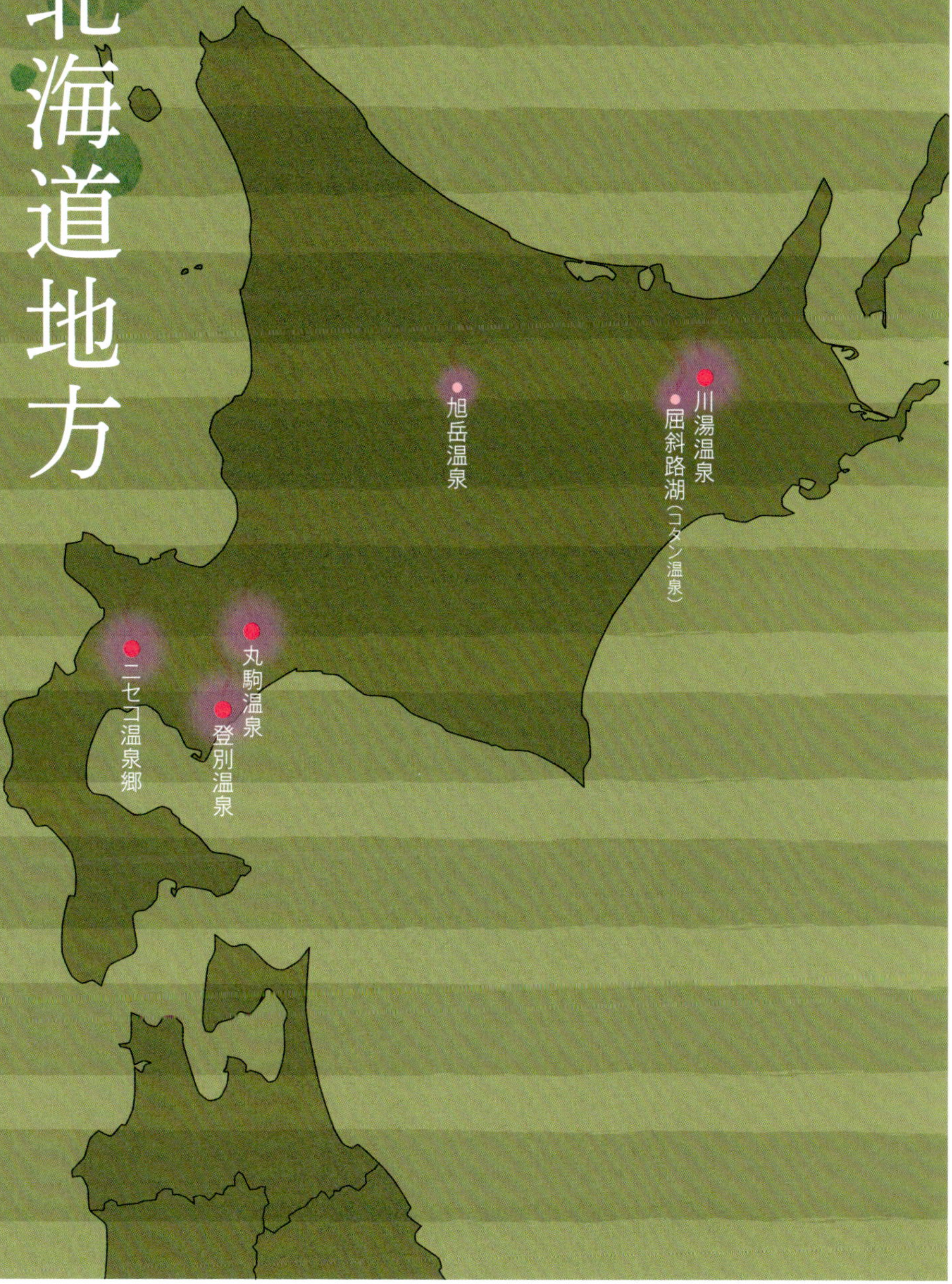

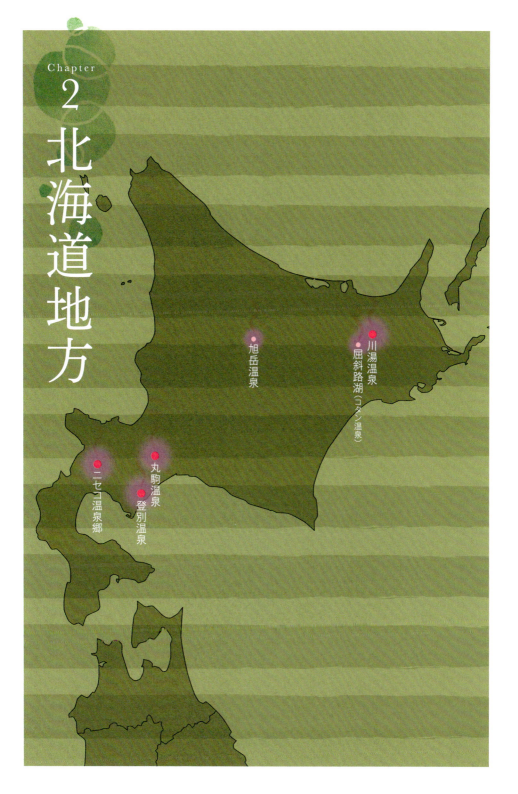

Onsen Power spots No.01

北海道

登別温泉
NOBORIBETSU ONSEN

7種類もの泉質が楽しめる温泉。
湯めぐりで「変化」の気を呼び込んで

　一日平均1万トンの湧出量を誇る、北海道を代表する温泉地。最大の泉源地である「地獄谷」からは、昼夜を問わずもうもうと湯煙が上がっています。

　火山性の温泉である登別温泉は、「火」と「水」が混在しており、気がめまぐるしく上がったり下がったりするのが特徴です。その勢いに乗って元気になる人もいれば、逆に疲れてしまう人もいるので、体調に気を配りながら温泉を楽しみましょう。

　ここでの開運行動は「湯めぐり」。少なくとも3種類の異なる種類の温泉に浸かることで「変化」の気が生じて気が安定し、総合的なパワーが

金運 / 恋愛運 / 人間関係運 / 仕事運 / 健康運 / 浄化 / 修復・回復 / 美肌・女性らしさup / 成長・発展 / 活性化・生命力up

登別温泉ではさまざまな泉質が楽しめる

上がりやすくなります。「温泉のデパート」とも呼ばれるほど、登別温泉は、酸性泉、硫黄泉、硫酸塩泉、塩化物泉など、さまざまな泉質の温泉がそろっていますから、湯めぐりにはもってこい。泉質は自分の好みやほしい運で選んでかまいませんが、乳白色の硫黄泉は必ず入るようにして。湯めぐりの最初に硫黄泉や塩化物泉など浄化力の強い温泉に入ると、金毒が浄化されるため、豊かさや楽しみ事が増えやすくなるという効果もありますよ。

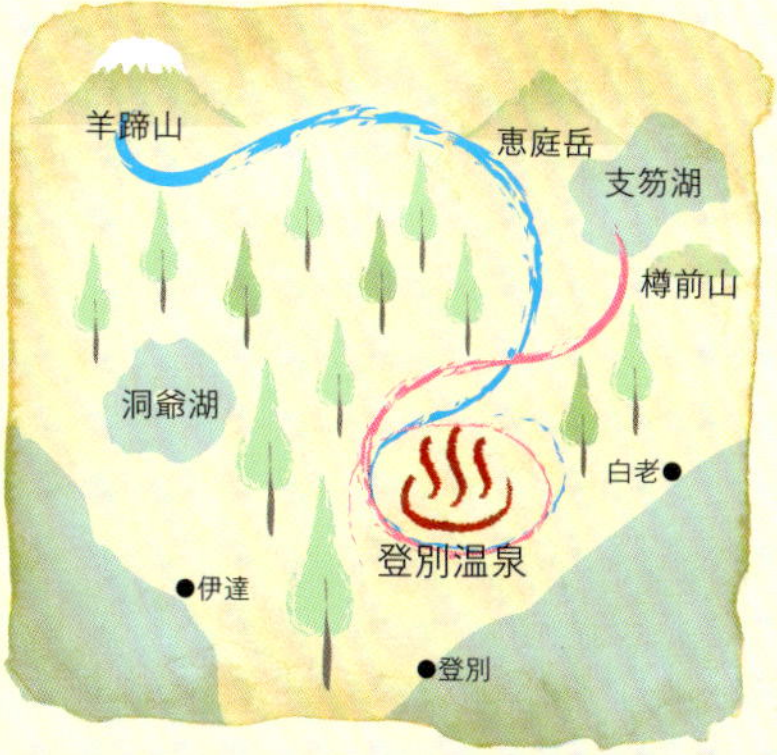

支笏洞爺国立公園の中にあり、雄大な自然に囲まれた温泉。北海道の気の要である羊蹄山（▲1898m）から流れてきた気の通り道に位置するため、温泉にも強いパワーが感じられる。「火」と「水」が混じり合っている場所なので、気の上下が激しいのが特徴。いくつかの泉質に入ることで、気のバランスが保たれやすくなり、吸収率も上がる。

ONSEN DATA

のぼりべつおんせん

泉質

炭酸水素塩泉、塩化物泉、硫酸塩泉、含鉄泉,硫黄泉、酸性泉、放射能泉

効能

皮膚病、湿疹、美肌、水虫、火傷、創傷、打ち身、捻挫、腰痛、冷え性、婦人病、神経痛、痛風、高血圧、糖尿病　ほか

お問い合わせ

登別国際観光コンベンション協会
電話●0143-84-3311
http://noboribetsu.or.jp/

アクセス

登別市登別温泉町

新千歳空港からバスで約60分、JR登別駅からバスで約15分

道央自動車道登別東ICから約6km

＊写真協力:登別石水亭

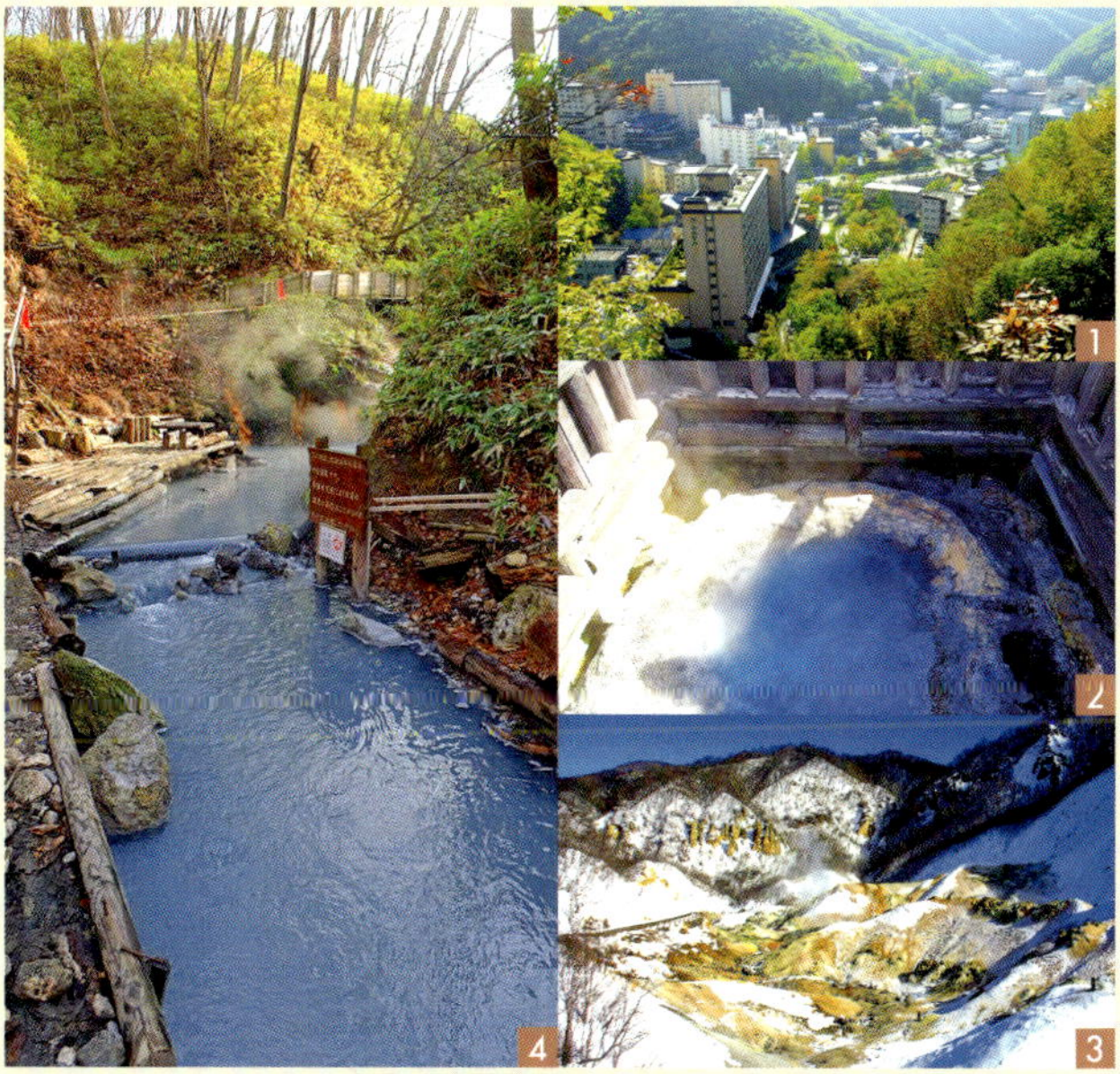

1.登別温泉街　**2.**地獄　**3.**登別地獄谷　**4.**大湯沼川

北海道

川湯温泉

KAWAYU ONSEN

強酸性の硫黄泉が運気を活性化。
斜里岳のやわらかい気で充実感もアップ

標高508メートルの活火山、硫黄山を熱源とする温泉です。風水的なパワーの源となっているのは標高1547メートルの斜里岳。斜里岳から送り出されている気は、猛々しく強い気と、やわらかく優しい気の2種類がありますが、ここで受け取れる気は後者。充実感やリラックス効果を与えてくれます。

泉質は強酸性の硫黄泉で、古くから高血圧や皮膚病、婦人病などに効く療養泉として高く評価されてきました。風水的には、お金に関する毒を流し、新たな金運をもたらしてくれる効果があります。また、強い酸性を帯びていることから、自分自身を活性化させてくれる働きも。進むべ

金運
恋愛運
人間関係運
仕事運
健康運

浄化

修復・回復
美肌・女性らしさUP
成長・発展
活性化・生命力UP

足場

ONSEN DATA

かわゆおんせん

泉質

硫黄泉

効能

疲労回復、皮膚病、火傷、創傷、打ち身、捻挫、五十肩、筋肉痛、関節痛、冷え性、婦人病、リウマチ、糖尿病、痔、病後回復、健康増進　ほか

お問い合わせ

摩周湖観光協会
電話●01548-2-2200
http://www.masyuko.or.jp/pc/kawayu.html

アクセス

川上郡弟子屈町

JR釧網本線
川湯温泉駅からバスで約10分

道東自動車道
足寄ICから約110km

1.硫黄山　2.摩周湖

き道を見いだしたい人、思いきって気を変えたい人にもおすすめです。

なお、こちらの温泉はかなり成分が強めなので、心や体にダメージを受けているときに無理をして入ると疲れてしまうことも。そういう場合は、近くにある屈斜路湖のあたりを散策し、湖周辺に漂うやわらかい気を吸収してから温泉に向かいましょう。屈斜路湖畔の「砂湯」で手づくりの足湯を楽しむのもおすすめ。ここで心身のコンディションを整えてから川湯の温泉に入ると、パワー負けしません。

阿寒摩周国立公園内に位置し、周囲を湖や山に囲まれた風光明媚な温泉。斜里岳（▲1547m）から2系統に分かれて流れ出している生気のうち、やわらかく優しい気がこのエリアに滞留している。疲れがたまっている人、心身が弱っている人は、まず屈斜路湖畔に漂う優しい気を吸収し、心身のバランスを整えてから川湯温泉へ。

北海道

丸駒温泉
MARUKOMA ONSEN

Onsen Power spots No.03

**湖を眺めながら入ると浄化効果アップ。
日の高いうちに入浴するのがおすすめ**

日本有数の透明度を誇る湖、支笏湖のほとりにあり、大自然に囲まれた一軒宿の温泉です。開湯は1915(大正4)年。「丸駒」の名は、当時恵庭岳の麓で硫黄が採掘されており、それを運んでいた馬がここで傷を癒やしたことが由来だとか。

この地域では、「水」の気を受けることで吸収率がよくなるので、ぜひ湖を眺めながらゆったりと入浴してください。大浴場と展望露天風呂のほか、露天風呂付きの貸し切り風呂、湖のすぐ脇に天然露天風呂があり、いずれも源泉掛け流し。なかでも天然露天風呂は、足元の砂利の間から温泉が湧き出してくる足元自噴泉なので、温泉のパワーがそのまま吸収できます。日帰りでも入浴できる

金運　恋愛運　人間関係運　仕事運　健康運　浄化　修復・回復　美肌・女性らしさup　成長・発展　活性化・生命力up

支笏湖を望む露天風呂

ので、支笏湖周辺を訪れるときはぜひ立ち寄って。

泉質は浄化力の強い塩化物泉。悪いものを流すほか、いい意味での変化を起こしてくれる効果もあるので、現状を変えたい人、今の人間関係や環境を一度リセットして新しく物事を始めたい人におすすめです。

なお、支笏湖の周辺は「陰」の気が強いので、暗くなる前に入浴したほうがパワーの吸収率がよく、デトックス効果も高くなります。特に日帰りの場合は明るいうちに入浴を。

羊蹄山（▲1898m）を背にした風水地形に囲まれており、さらに支笏湖に面しているため、山から流れてくる生気がこの温泉のあたりに集結している。札幌や新千歳空港から近いので、日帰り入浴も可能。「水」の気が強い場所なので、湖を眺めながら温泉に入るなど、何らかの形で「水」と触れ合うと運気を吸収しやすくなり、浄化効果もアップ。

ONSEN DATA

まるこまおんせん

泉質

塩化物泉

効能

疲労回復、皮膚病、火傷、創傷、打ち身、捻挫、五十肩、筋肉痛、関節痛、冷え性、婦人病、リウマチ、神経痛、痔、病後回復、健康増進　ほか

お問い合わせ

丸駒温泉旅館
電話●0123-25-2341
http://www.marukoma.co.jp

アクセス

千歳市支笏湖幌美内7番地

JR千歳駅から支笏湖までバス約45分

道央自動車道千歳ICから約50分

1.展望露天風呂　2.自噴泉の天然露天風呂　3.支笏湖

Onsen Power spots No. 04

北海道

ニセコ温泉郷

NISEKO ONSENKYO

「羊蹄山を眺める」＋「湧き水を飲む」でしっかり運気を定着させて

自然豊かな北海道には、風水的なパワーをもらえる場所が数多くありますが、ニセコもそういった場所のひとつ。神社のように1カ所に気がとどまっているわけではないので、風水でいう龍穴＝パワースポットとは少し違いますが、北海道の背骨である羊蹄山の強い生気が温泉に溶け込んでおり、入浴するだけで強い生気が得られます。

ニセコ連峰山麓には多数の温泉地が点在していますが、そのなかで「ニセコ温泉郷」と呼ばれるのは、ニセコ湯本、ニセコ五色、ニセコ昆布、ニセコ新見の4湯です。この温泉郷の特徴は、泉質の種類が豊富なこと。硫黄泉や塩化物泉、炭酸

ニセコのシンボル、羊蹄山

水素塩泉など、さまざまな泉質がそろっているので、ぜひ湯めぐりパスで、温泉のはしごを楽しんでください。運気をリセットしたいなら塩化物泉、金運がほしいなら硫黄泉というように、ほしい運で温泉を選ぶのもおすすめです。

なお、ニセコでの開運行動は「羊蹄山を眺めること」。山を眺めながら入浴するのがベストですが、それが無理なら滞在中に必ず羊蹄山の姿を眺め、山の生気をダイレクトに受け取りましょう。さらに、羊蹄山の麓にある「ふきだし公園」で湧き水を飲み、水に触れると、より運気を吸収しやすくなります。また、せかせか動くと運気が定着しにくくなるので、滞在中は焦らずゆったりと行動しましょう。

ONSEN DATA

にせこおんせんきょう

泉質

炭酸水素塩泉、塩化物泉、硫黄泉

効能

美肌、リウマチ、神経痛、高血圧　ほか

お問い合わせ

ニセコリゾート観光協会
電話●0136-43-2051
http://www.niseko-ta.jp

アクセス

蛇田郡ニセコ町字ニセコ他

JR函館本線ニセコ・昆布・蘭越各駅からバスで約15〜30分

道央自動車道蛇田洞爺湖ICから、または函館から約60km

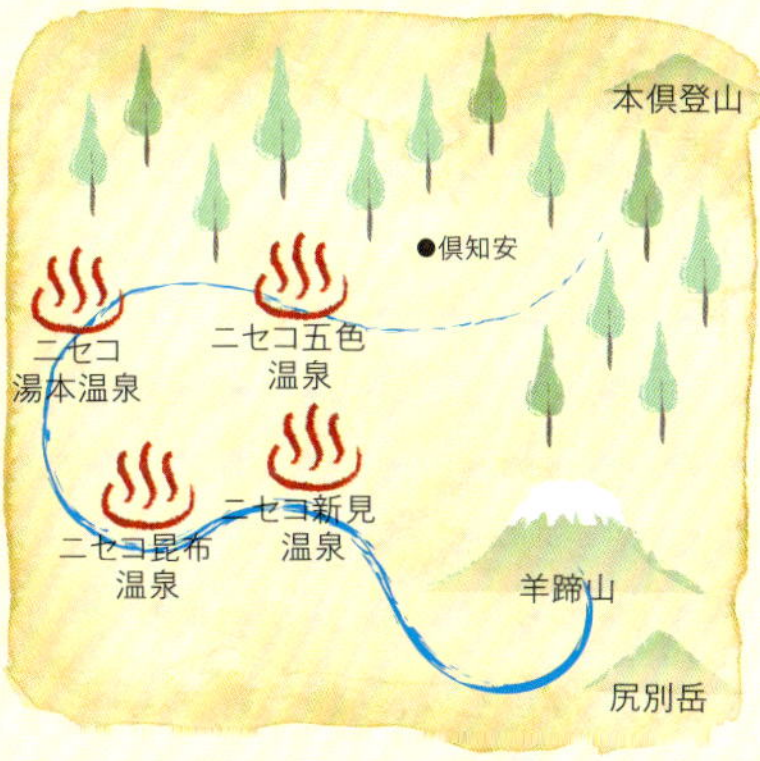

羊蹄山（▲1898m）からの生気をそのまま受け取ることのできるエリアにある。羊蹄山は火山（＝「火」の気）だが、発している気は優しい「水」の気。羊蹄山を実際に自分の目で見ることで、山からのパワーを直接受け取れる。羊蹄山の麓にある湧水スポット、「ふきだし公園」で湧き水を飲むのもおすすめの開運行動。

1.大湯沼　**2.**ニセコ五色温泉

アジア

モンゴル

日本の約4倍もの国土面積をもち、多数の温泉が湧き出ているが、多くが大自然の中にある野湯。ツェンケルジグール温泉は、ゲル(パオ)に宿泊し、日本式の露天風呂に入れる珍しい温泉として観光客にも人気。

◎おすすめの温泉

●ツェンケルジグール温泉

韓国

全国に多くの温泉がある。水着で入る温水プールやエステがあるスパリゾート施設、もしくはスーパー銭湯のような「チムジルバン」が一般的。ラジウム泉が多いが硫黄泉や塩化物泉も。

◎おすすめの温泉

●利川温泉　●海雲台温泉

●温陽温泉

台湾

100カ所以上もの温泉地が点在する温泉大国。日本統治時代に開発されたところが多いため、「日式」と呼ばれる日本式の温泉が主流。炭酸水素塩泉、硫黄泉、ラジウム泉などさまざまな泉質がある。

◎おすすめの温泉

●新北投温泉　●知本温泉

●フルール・ド・シーヌホテル(日月潭)

台湾も温泉の宝庫

Chapter 3

東北地方

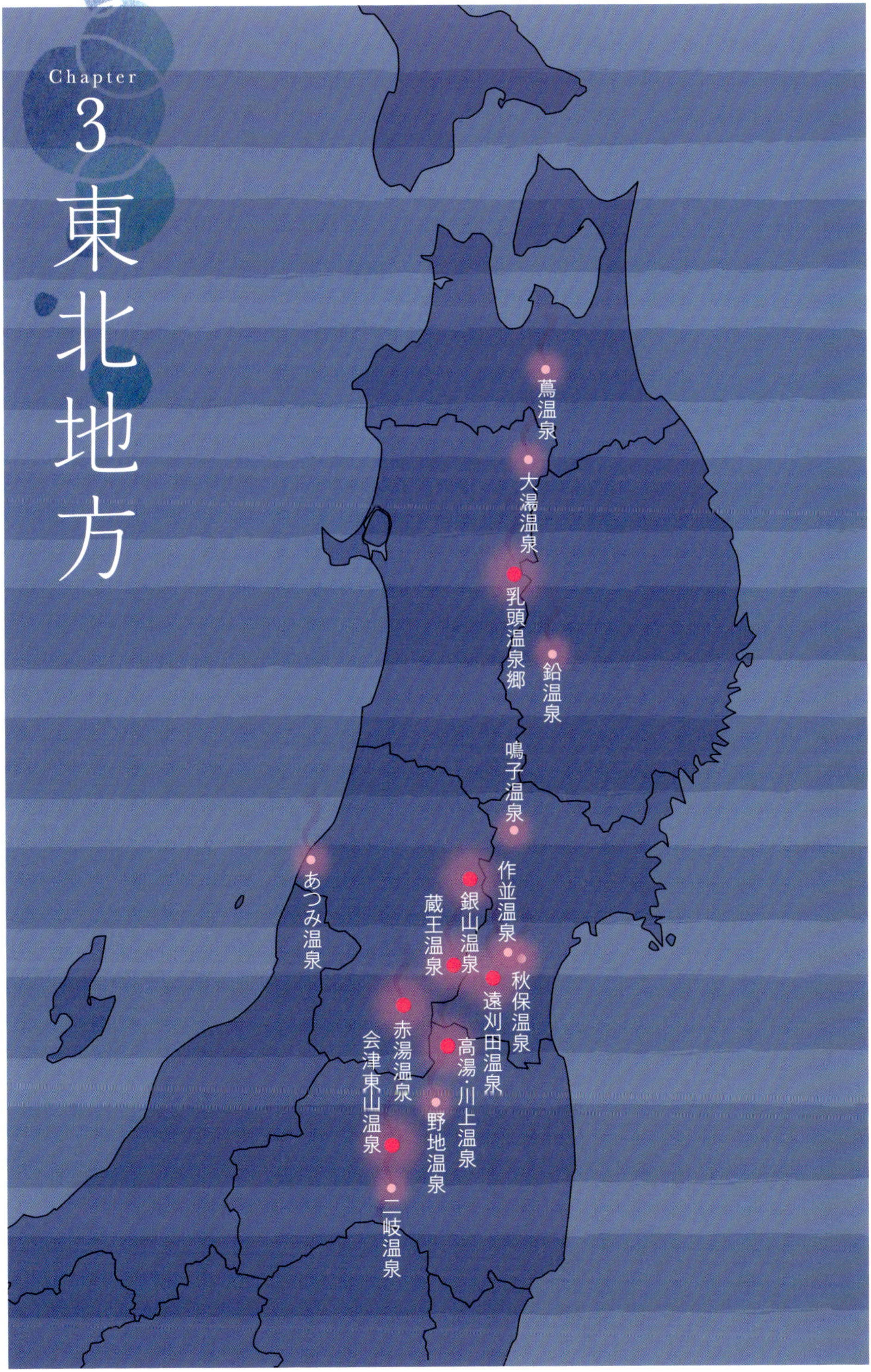

Onsen Power spots No. 05

秋田県

乳頭温泉郷

NYUTO ONSENKYO

自家源泉の一軒宿が集まる温泉郷。田沢湖の「水」の気とともに吸収して

秋田県の乳頭山(烏帽子岳)の麓にある乳頭温泉郷は、鶴の湯、黒湯、妙乃湯、蟹場、大釜、孫六、休暇村乳頭温泉郷の7湯の総称。いずれも自家源泉の一軒宿で、それぞれに異なる趣が感じられます。

泉質は、炭酸水素塩泉(妙乃湯、蟹場、休暇村乳頭温泉郷)、硫黄泉(鶴の湯、黒湯、大釜、休暇村乳頭温泉郷)、放射能泉(孫六)とさまざま。さらに同じ泉質名でも成分は一軒ごとに異なりますから、いずれかの宿に宿泊すると購入できる湯めぐり帖を利用して、ほかの宿の温泉もはしごしてみるといいでしょう。

乳頭温泉郷の温泉は、乳頭山、岩手山からの

妙乃湯

金運
恋愛運
人間関係運
仕事運
健康運
浄化
修復・回復
女性らしさup 美肌・
成長・発展
生命力up 活性化・

生気を受けているだけでなく、田沢湖の「水」の気も受けているため、パワフルでありながら吸収率がよく、体に浸透しやすいのが特徴です。ただし、パワーが強いので長時間入ると消耗してしまうことも。短時間でもお湯に浸かれば十分にパワーを吸収できるので、あまり無理をしないようにしてください。

また、可能であれば温泉に入る前に田沢湖に立ち寄って「水」の気を取り込んでおくと、より温泉のパワーを吸収しやすくなります。

乳頭山（▲1478m）の麓にある温泉郷。乳頭山だけでなく、少し離れた岩手山（▲2038m）からの生気も受け取っている。また、田沢湖からも気を受けているため、「水」の気が強く、浸透率がいいのが特徴。より効率よく運気を吸収したいなら、まず田沢湖に立ち寄って「水」の気をたっぷり吸収してから温泉郷に向かって。

ONSEN DATA

にゅうとうおんせんきょう

泉質

炭酸水素泉、硫黄泉
放射能泉

効能

慢性皮膚病、高血圧、
動脈硬化、リウマチ　ほか

お問い合わせ

休暇村乳頭温泉郷
電話●0187-46-2244
https://www.qkamura.or.jp/nyuto/

アクセス

仙北市田沢湖

秋田新幹線
田沢湖駅からバスで
約40分

東北自動車道
盛岡ICから約60km

＊写真協力:秋田県観光連盟

1.妙乃湯　2.鶴の湯　3.黒湯

Onsen Power spots No. 06

宮城県

遠刈田温泉

TOGATTA ONSEN

「浄化」と「回復」の気をもつ温泉。蔵王山からのパワーも取り込んで

蔵王連峰を望む標高330メートルの高原にある遠刈田温泉は、古くから湯治場として、また蔵王山への登山の拠点として、土地の人々に愛されてきました。記録によると、開湯は1601(慶長6)年。温泉の名も「湯刈田」と表記されていたそう。現在も温泉街には昔ながらの共同浴場が残り、湯治場の風情を醸し出しています。

この温泉に強いパワーを与えているのが、蔵王山。蔵王山は強力な「火」の気をもつ独立峰で、特に「御釜」と呼ばれる火口湖に生気がたまっています。その生気の多くは山形県側の蔵王温泉(58ページ)のほうに流れていくのですが、一部は遠刈田温泉にも流れてきています。蔵王山への信仰登山のた

硫酸塩泉は肌に優しい

めに人々がここに集まってきたことが、生気を集める要因となったのでしょう。

泉質は硫酸塩泉で、多くは赤みがかった濁り湯。やわらかく肌に優しいお湯で、ストレスを解消し、運の滞りを流してくれます。さっぱりしていてクセがないので、強い温泉が苦手な人にもおすすめです。

渓谷沿いに点在する宿には、昔ながらの旅館や民宿のほか、リゾートタイプのホテルや、全室が離れになった別荘風のところも。滞在型の宿を選び、ゆったりとくつろいで過ごすと、硫酸塩泉のもつ「浄化」と「回復」の気がより強まりますよ。

遠刈田温泉は、蔵王山（▲1841m）に登る人々の宿場町であり、また疲れを癒やす湯治場でもあったことから、今でも山の生気が集結しやすい場所。訪れた際は、蔵王山を見上げて山からパワーを受け取って。蔵王山の御釜は強力なパワースポットなので、時間があればそこまで足を延ばすと開運効果がグンとアップ。

ONSEN DATA

とおがったおんせん

泉質

硫酸塩泉

効能

湿疹、創傷、婦人病、リウマチ、神経痛、高血圧、糖尿病、胃腸病、便秘　ほか

お問い合わせ

遠刈田温泉旅館ホテル組合

電話●0224-34-2725
http://togatta.jp

アクセス

刈田郡蔵王町

JR白石蔵王駅からバスで約50分

東北自動車道白石ICから約15km

＊写真協力:宮城県観光課

1.共同浴場 神の湯　**2.**温泉街　**3.**白石川と蔵王山

Onsen Power spots No. 07

山形県

赤湯温泉

AKAYU ONSEN

体に浸透しやすい、穏やかな温泉。フルーツやワインで「実り」の運気も

赤湯温泉は、奥羽山脈に沿った龍脈の流れの中に湧き出している温泉のひとつです。山形県の温泉というと山あいにあるところが多いのですが、赤湯温泉はJRの駅から車で5分ほどの場所に位置し、アクセスのよさは抜群。住宅や商店と温泉街が混在している光景は、人々の暮らしに自然に温泉が溶け込んでいることをうかがわせます。

泉質はナトリウムやカルシウム、塩化物などを含む硫黄泉。温泉には、体に浸透しやすい温泉とそうでない温泉があるのですが、赤湯温泉は前者。成分が体の奥深くまで浸透し、細胞にたまった毒素や運にこびりついた悪いものを取り去っ

御殿守

ONSEN DATA

あかゆおんせん

泉質

塩化物泉、硫黄泉

効能

創傷、火傷、糖尿病、軽症高血圧、神経痛

お問い合わせ

赤湯温泉旅館協同組合
電話●0238-43-3114
https://www.akayu-onsen.com

アクセス

南陽市

JR山形新幹線赤湯温泉駅より車で約5分

東北自動車道福島飯坂ICから約60分

＊写真協力:南陽市観光協会

1.森の湯　2.櫻湯

てくれます。また金運アップにも効果的。自分の運気を根底から改善したい、今の環境を根こそぎリセットしたい、という人に最適です。

また、赤湯温泉のある南陽市はフルーツの名産地でもあり、初夏から秋にかけてはさくらんぼやぶどう、梨、りんごなどがたわわに実っている光景が見られます。さらに、名産品のぶどうを使ったワイン造りも盛ん。フルーツやワインは「実り」の象徴なので、おみやげに買って帰るのもおすすめです。

奥羽山脈に沿って流れる龍脈のライン上にある温泉。加えてこの一帯には、蔵王山（▲1841m）、朝日岳（▲1871m）、吾妻山（最高峰は西吾妻山▲2035m）の三方の山から流れてきた気がたまり、パワーのある温泉が湧きやすい。土地のもつ気は穏やか。スケジュールにゆとりがあれば、パワースポットである熊野大社（南陽市）にもぜひ立ち寄って。

Onsen Power spots No. 08

山形県

蔵王温泉

ZAO ONSEN

「火」の気が体の中から運を活性化。血行を促進し、美肌効果も

日本でも有数の自然湧出量を誇る温泉。その歴史は古く、ヤマトタケルノミコトの東征の際に発見されたと伝えられています。江戸時代には、蔵王権現への登山の拠点として大いににぎわい、その後、スキー場のオープンをきっかけに宿、道路などが整備され、現在のような総合マウンテンリゾートへと発展しました。

蔵王温泉にパワーを送り込んでいるのは蔵王山。非常に強い「火」の気をもつ独立峰で、特に「御釜」と呼ばれる火口湖に強い気がたまっています。その気が水龍として、そのまま蔵王温泉へと流れ込んでいるのです。

ここの温泉は、硫黄やアルミニウム、鉄などを

蔵王温泉大露天風呂

蔵王連峰の中腹、標高900mの高所に位置し、古くは、高湯温泉（福島県･62ページ）、白布温泉（山形県）とともに、高所に湧く「奥州二高湯」とされ、高く評価されてきた名湯。蔵王山（▲1841m）の強い「火」の気がそのまま水龍として流れ込み、パワーの源となっている。蔵王連邦刈田岳山頂の刈田嶺神社もパワースポットなので、時間があればぜひ立ち寄って。

1.蔵王の御釜　**2.**樹氷

主成分とする酸性泉。このタイプの温泉は、強い「火」の気をもっている土地に湧きやすく、それでいて人体への吸収率がいいので、「火」の気をやわらかく体に取り込むことができます。特に弱っているとき、パワーをもらいたいときにおすすめ。じわじわと体の中からエネルギーを呼び覚まし、活性化してくれます。硫黄臭が強いので、金運アップ効果も。また、硫黄泉には、肌や血管を若返らせ、血行を促進する効果があるため、「美人づくりの湯」ともいわれています。

一年中、どの季節でもそれぞれに楽しめますが、スキーシーズンに訪れるなら、ぜひ露天風呂で「雪見風呂」を楽しんで。通常の運気に加え、高い浄化効果も得られますよ。

ONSEN DATA

ざおうおんせん

泉質

硫黄泉、酸性泉

効能

疲労回復、皮膚病、湿疹、美肌、火傷、創傷、打ち身、捻挫、五十肩、筋肉痛、関節痛、冷え性、婦人病、神経痛、高血圧、胃腸病、病後回復、健康増進 ほか

お問い合わせ

蔵王温泉観光協会
電話●023-694-9328
http://www.zao-spa.or.jp

アクセス

山形市

JR山形駅からバスで約40分

山形自動車道山形蔵王ICから約30分

Onsen Power spots No. 09

山形県

銀山温泉

GINZAN ONSEN

ガス灯に木造建築……ノスタルジックな街並みを眺めながら運気を定着させて

銀山温泉は、赤湯温泉（56ページ）と同じく、奥羽山脈に沿って流れる龍脈からパワーを受けている温泉のひとつ。南にある新鶴子ダムが気の流れをせき止めているため、このエリアには気がたまりやすくなっています。

銀山温泉の特色は、何といってもその景色にあります。昔ながらのガス灯が並ぶ銀山川沿いに橋がいくつも架かり、両側に木造建築の旅館や共同浴場が立ち並ぶ光景は、まるで大正時代にタイムトリップしたかのよう。とりわけ、雪の季節の美しさは、いつまでも見ていたくなるほどです。

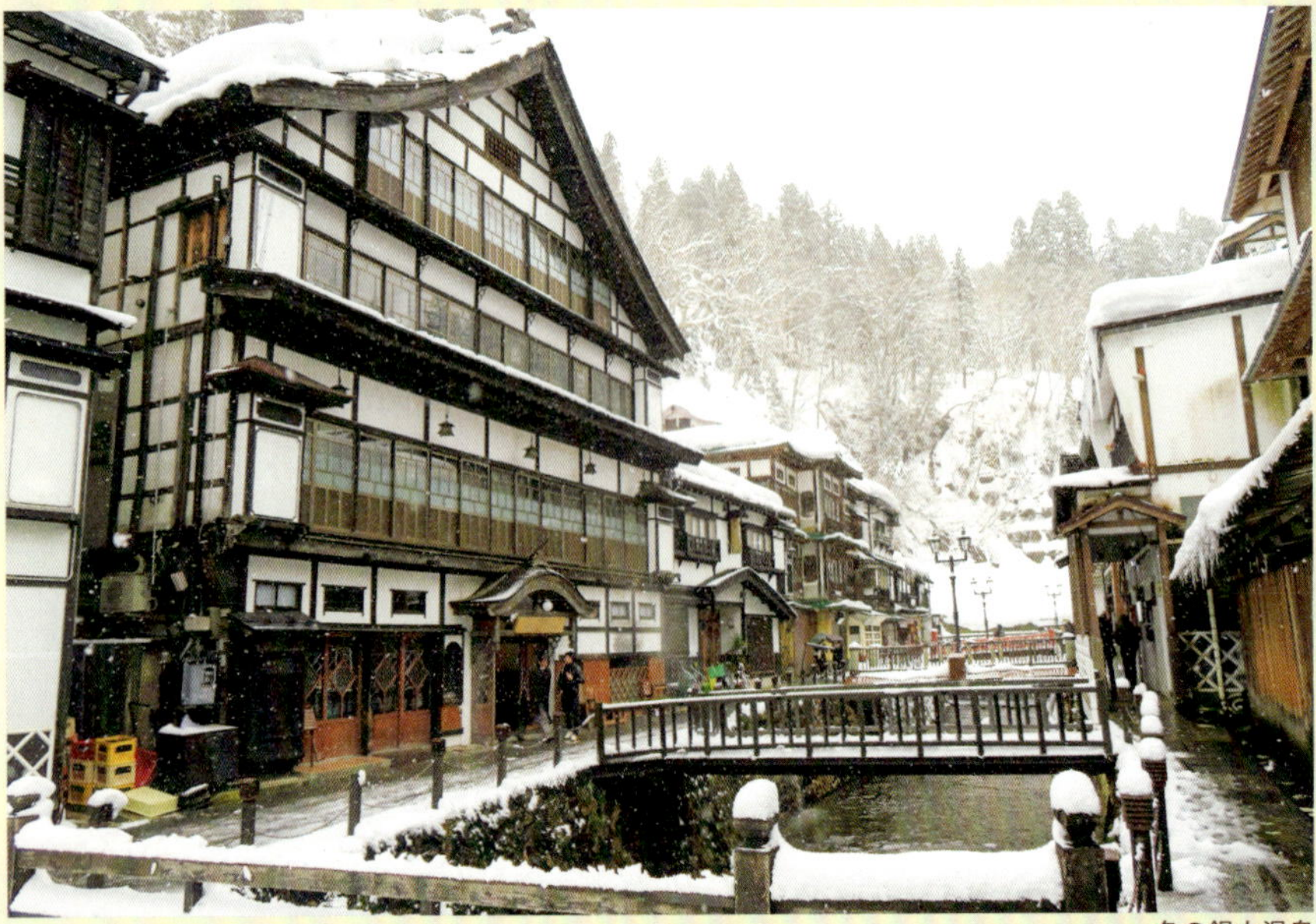

冬の銀山温泉

奥羽山脈に沿った龍脈と、黒伏山（▲1227m）を始点とする龍脈の両方から流れてきた生気が、南側の新鶴子ダムでせき止められ、銀山温泉の周辺にたまっている。開湯以来、銀山温泉にやってくる人の流れが絶えないのは、そのため。とりわけ雪をかぶった風景が美しいと人気だが、積雪量によっては、露天風呂が閉鎖される場合もあるので要注意。

1.初夏の銀山温泉　2.硫黄泉

この趣深い町並みは、「銀山温泉家並保存条例」という条例によって守られてきました。旅館の壁面や看板なども、建築当初の状態を可能な限り保存、復元するように定められているため、今でも大正から昭和初期に建てられた建築物をほぼそのまま見ることができるのです。このように過ぎ去った時を感じさせるような町並みは、温泉の運気を定着させる効果があります。さらに、ノスタルジックでありながらモダンな雰囲気を醸し出しているような宿に泊まると、より運気を吸収しやすくなりますよ。

温泉の泉質は硫黄泉。金毒を浄化し、金運をもたらしてくれます。日帰り入浴可能な旅館や共同浴場もあるので、レトロな雰囲気に浸りながら温泉のはしごを楽しむのも◎。

ONSEN DATA

ぎんざんおんせん

泉質

硫黄泉

効能

疲労回復、皮膚病、湿疹、美肌、火傷、創傷、打ち身、捻挫、五十肩、筋肉痛、関節痛、冷え性、婦人病、神経痛、高血圧、胃腸病、病後回復、健康増進 ほか

お問い合わせ

銀山温泉組合
電話●0237-28-3933
http://www.ginzanonsen.jp

アクセス

尾花沢市大字銀山新畑

JR大石田駅からバスで約40分

山形自動車道 山形北ICから約50km

＊写真協力：仙峡の宿 銀山荘

Onsen Power spots No. 10

福島県

高湯温泉　奥土湯　川上温泉

TAKAYU ONSEN
OKUTSUCHIYU
KAWAKAMI ONSEN

金運や修復力とともに山のもつ「積み上げる」運がもらえる

江戸時代、「奥州三高湯」のひとつとして知られた名湯、高湯温泉。この温泉のある土地は、磐梯山からの強い生気に加え、安達太良山、吾妻山からのパワーも受けています。それらの山の生気を猪苗代湖が強めているため、このエリアにはパワフルな温泉が多いのです。高湯温泉は、その代表格といえるでしょう。

高湯温泉の泉質は硫黄泉。硫黄泉につきものの独特の臭いが「金」の気を活性化させ、豊かさや楽しみ事をもたらしてくれます。浪費事癖をなくしたい、今の金運をリセットしたいという人にもおすすめです。

高湯温泉玉子湯

金運
恋愛運
人間関係運
仕事運
健康運
浄化
修復・回復
女性らしさ 美肌・up
成長・発展
生命力up 活性化・

さらに、吾妻山の山麓から中腹にかけても、秘湯と呼ばれる温泉が多数点在しています。なかでもおすすめは、奥土湯にある川上温泉。湯量が豊富で、縦10メートル、横4メートルの巨大な「立湯・万人風呂」をはじめとする5つの風呂はすべて源泉掛け流しです。

泉質は弱アルカリ性の単純泉。すべての気を活性化させるとともに、自分に欠けているものを満たし、癒やしてくれる効果があります。

また、どちらの温泉にもこの土地の「山」の気が溶け込んでいるため、さまざまな運を「積み上げる」運気も同時に取り込めますよ。

1.高湯温泉玉子湯　2.奥土湯川上温泉

ONSEN DATA

おくつちゆ かわかみおんせん

泉質

単純温泉

効能

神経痛、筋肉痛、関節痛、五十肩、運動機能障害、打ち身、捻挫、疲労回復、健康増進、婦人病、神経痛、胃腸病　ほか

お問い合わせ

土湯温泉観光協会
電話●024-595-2217
http://www.tcy.jp/exp/

アクセス

福島市土湯温泉町

JR福島駅から
バスで終点下車、
徒歩45分

東北自動車道
福島西ICから約13km

＊写真協力：福島県観光復興推進委員会

ONSEN DATA

たかゆおんせん

泉質

硫黄泉

効能

高血圧、動脈硬化症、リウマチ、糖尿病、火傷、創傷、婦人病、不妊症、水虫、胃腸病、神経痛、湿疹、便秘、皮膚病、循環器障害　ほか

お問い合わせ

高湯温泉観光協会
電話●024-591-1125
http://www.takayuonsen.jp

アクセス

福島市町在庭坂

JR福島駅から
バスで約40分

東北自動車道
福島西ICから約16km

磐梯山（▲1816m）の圧倒的なパワーに加えて、安達太良山（▲1700）、吾妻山（最高峰は西吾妻山▲2035m）からも生気が流れ込んでいる場所。猪苗代湖の「水」の気によってさらにその気が強められ、吾妻山の東～南東の山麓一帯に広がっている。そのため、この周辺の温泉に入ると、「積み上げる」「運を構築する」といった「山」の気も得られる。

Onsen Power spots No. 11

福島県

会津東山温泉

AIZUHIGASHIYAMA ONSEN

運を修復してくれる「回復の湯」。疲れた心や体を癒やし、パワーを回復

会津若松は、「鶴ヶ城」とも呼ばれる名城、会津若松城の城下町。磐梯山から流れてくる気の通り道にあり、非常によい気が流れている場所です。

その気が枝分かれした先にあるのが、会津東山温泉。約1300前に行基によって発見されたとされ、古くから竹久夢二、与謝野晶子といった文人たちにも愛されてきました。川沿いに広がる温泉街は、湯治場として会津藩士に重宝され、戊辰戦争の際は、新撰組副長の土方歳三が訪れ、戦の傷を癒やしたという逸話も残っています。宿は昔ながらの和風旅館が多く、いかにも歴史ある温泉らしい風情が味わえます。

くつろぎ宿 新滝の千年の湯

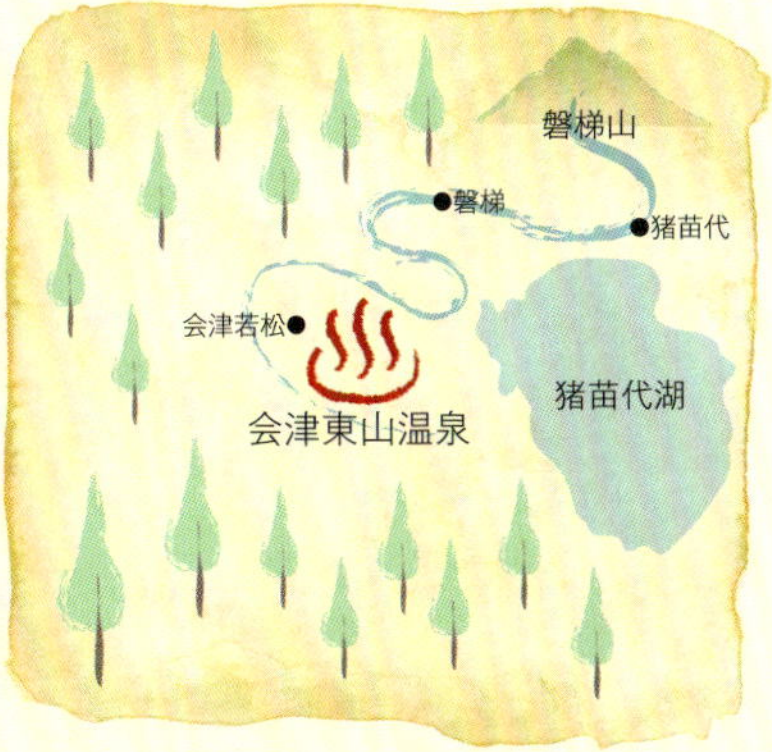

会津富士、会津磐梯山とも呼ばれる磐梯山（▲1816m）は、気性が激しく、変化の気をもつ山。その山から会津若松へと流れる気の一部が枝分かれして、会津東山温泉へと流れ込んでいる。温泉自体にさほど強いパワーはないが、温泉に浸かることで磐梯山の生気を吸収できる。温泉街や会津若松市内を散策し、城下町らしい風情を味わうのも◎。

1.くつろぎ宿 新滝　**2.**会津若松城

泉質はナトリウムやカルシウムを多く含む硫酸塩泉。さらさらした手触りで臭いもなく、とても入りやすい温泉です。弱アルカリ性のため、肌の老廃物を落とし、美肌をつくってくれる効果があるといわれています。

風水的には「修復」の力が強いのが特徴。物事がうまくいかないとき、疲れた心や体を癒やしたいときに入ると効果的です。川が見える露天風呂なら、悪いものがよりいっそう流れやすくなりますよ。効きが早いのもこの泉質の特徴なので、一刻も早く元気になりたい、今すぐ運の流れをよくしたいなど、即効性がほしいときにもおすすめです。

ONSEN DATA

あいづひがしやまおんせん

泉質

硫酸塩泉

効能

リウマチ性疾患、運動器障害、慢性皮膚疾患、創傷、虚弱児童、慢性婦人疾患、更年期障害ほか

お問い合わせ

会津東山温泉観光協会
電話●0242-27-7051
http://www.aizu-higashiyama.com

アクセス

会津若松市東山町湯本

JR会津若松駅から
東山温泉行きバスで約20分

磐越自動車道
会津若松ICから約9km

東南アジア

タイ

100カ所以上の温泉があり、すべて自然湧出泉。多くは郊外にあり、川がそのまま温泉になっている場所も。日本のように他人と一緒に裸で入浴する文化はないので、水着にTシャツを着るなどの配慮を。

◎おすすめの温泉
●クロントム温泉
●サンカムペーン温泉
●カンチャナブリ温泉

タイ・サンカムペーン温泉

ベトナム

過去の火山活動の影響により、良質な温泉が多く湧いている。日本式の温泉やスパ施設もあるが、ベトナムならではの温泉といえば「マッドスパ（泥湯）」。美肌効果が高いのでぜひチャレンジを。

◎おすすめの温泉
●アイリゾート（ニャチャン）ほか
●ミーアン温泉

バリ島（インドネシア）

各地に天然温泉があり、地元の人の憩いの場になっている。ほとんどが、水着着用で男女共用の公共露天風呂形式。特にキンタマーニ村にあるバトゥール山麓の湖畔には多くの温泉施設が集まっている。

◎おすすめの温泉
●バトゥール・ナチュラル・ホットスプリング　●イエ パナス

マレーシア

マレー語で「アイルパナス（熱い水）」と呼ばれる温泉が各地にある。公衆浴場は地元市民の憩いの場。ザ・バンジャランのような、温泉付きのリゾートホテルもあるが、いずれも水着着用がマスト。

◎おすすめの温泉
●ザ・バンジャラン・ホットスプリングス
●アイル・ハンガッ・ビレッジ

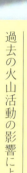

Chapter 4 関東地方

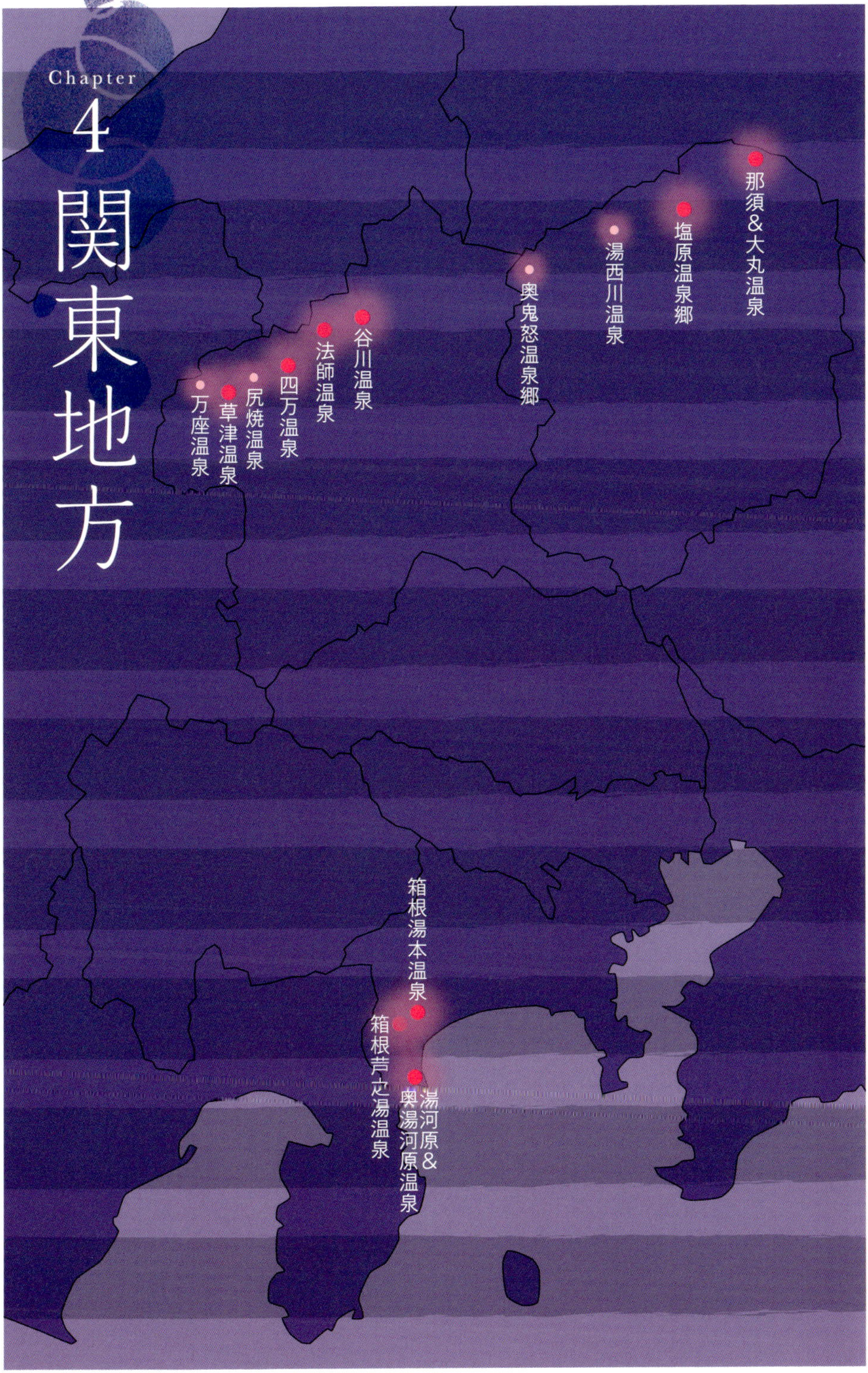

Onsen Power spots No. 12

群馬県

四万温泉

SHIMA ONSEN

山あいにやわらかい気が満ちている温泉。気になることを流し、日常をスムーズに

「四万の病を癒やす霊泉」と呼ばれたことからその名がついたという四万温泉。四方を標高1000メートルを超える山々に取り囲まれており、土地全体に「山」の気が満ちています。

この土地の気は、谷川岳から連なる山々を経由して流れてきた気と、越後山脈からの気が合流したもの。猛々しさはなく、やわらかく、ゆったりとした気です。そこに四万川の豊かな「水」の気が加わることで、浸透率がより高まり、体に入ってきやすくなっています。

泉質はナトリウム・カルシウム-塩化物・硫酸塩泉。硫酸塩泉のなかでも「修復」の力が強く、また浄化力もあるので、心にたまった悪いもの、日々なん

硫酸塩泉

金運
恋愛運
人間関係運
仕事運
健康運
浄化
修復・回復
美肌・女性らしさup
成長・発展
活性化・生命力up

となく嫌だと感じていることを流し去り、スムーズに毎日を送れるようにしてくれます。入浴中はさほど強いパワーを感じないかもしれませんが、帰るときには心身に活力が戻っているのがわかるはずです。

また、アルカリ性で肌に優しいのもうれしいところ。江戸時代には、酸性泉である草津温泉で湯治をした後、四万温泉に寄り、荒れた肌を癒やす湯治客も多かったそう。決してインパクトは強くないものの、帰るときに「また来たいな」と思える、そんな温泉です。

四方を高い山々に囲まれているため、強い「山」の気が感じられる温泉。谷川岳（▲1977m）からの気が、ほかの山々の気と連携して流れ込み、さらにそこへ越後山脈から発せられる気が加わって、パワーを強めている。土地全体に流れる気は穏やかでやわらかく、体や運の奥深くに浸透しやすい。温泉街を流れる四万川の「水」の気が、浸透率をいっそう高めている。

ONSEN DATA

しまおんせん

泉質

硫酸塩泉

効能

皮膚病、アトピー、創傷、神経痛、胃腸病　ほか

お問い合わせ

四万温泉協会
電話●0279-64-2321
http://shimaonsen.com

アクセス

吾妻郡中之条町大字四万

JR吾妻線中之条駅からバスで約40分

関越自動車道渋川伊香保ICから約60分

1.秋の温泉街　**2.**四万清流の湯　**3.**積善館

群馬県

法師温泉
HOUSHI ONSEN

Onsen Power spots No.13

街道沿いの趣ある一軒宿。
足元に湧いてくるお湯から運気を吸収

　三国峠の麓にある自然に囲まれた温泉。弘法大師が発見したという言い伝えから、この名がついたといいます。

　法師温泉のパワーの源になっているのは、すぐそばにある三国街道。この街道は、その昔、このあたり一帯の山々から江戸へと気を届けるための龍脈のひとつでした。時代が変わり、その役目が終わってからも、三国街道はそのころと同じように山からの気を流し続け、法師温泉にパワーを送り込んでいるのです。

　この温泉の一軒宿である長寿館は1875(明治8)年開業。鹿鳴館様式の「法師乃湯」(混浴。ただし午後8時〜10時は女性専用)と女性

金運　恋愛運　人間関係運　仕事運　健康運　浄化　修復・回復　美肌・女性らしさup　成長・発展　活性化・生命力up

法師乃湯

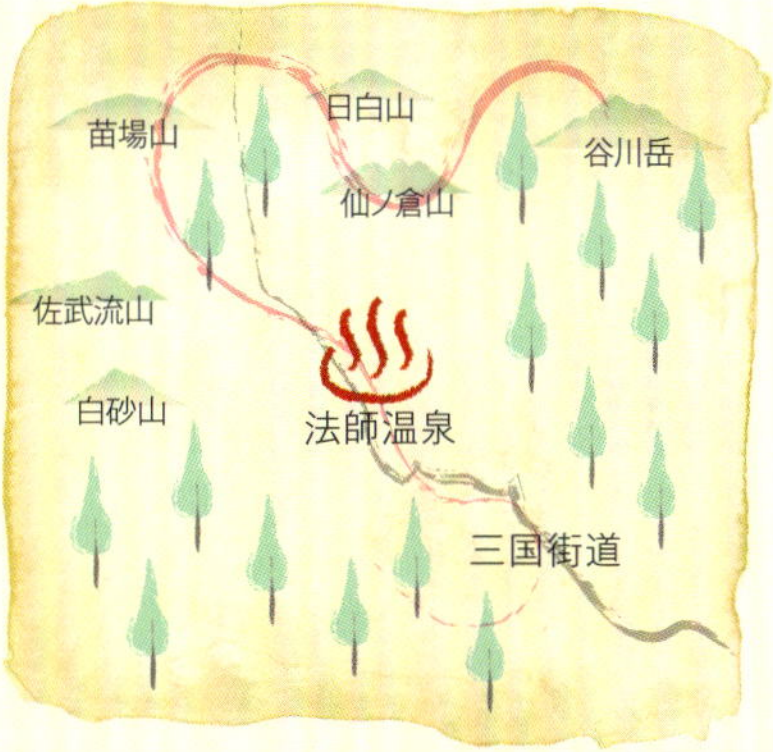

越後山脈からの気を受け、同時に谷川岳（▲1977m）から流れてくる気のラインにも沿っているため、それらの山の気が混在している。それに加えて、三国街道に沿って運ばれてくる山々の生気が、この土地に湧く温泉に大きなパワーを与えている。帰りに三国街道沿いを散策して、ショッピングや食べ歩きを楽しむと、さらに気が活性化しやすい。

1.法師温泉 長寿館　**2.**自噴泉

専用風呂の「長寿乃湯」は自噴泉なので、湯船の底から湧いてくるフレッシュな温泉を堪能してください。

泉質はカルシウム・ナトリウム-硫酸塩泉。ストレス解消のほか、さまざまな運を素早く修復してくれる効果があります。

日帰り入浴もできますが、日中は混雑するため、十分にパワーを吸収できない可能性も。一泊でもいいので宿泊して、人が少ない時間に入浴することをおすすめします。客室棟は4棟ありますが、この温泉ならではの風情を味わうなら本館での宿泊がベスト。また、ここの気は穏やかでゆったりした動きなので、温泉に入るほかは何もせずにダラダラするくらいのつもりで、のんびり過ごしましょう。

ONSEN DATA

ほうしおんせん

泉質

硫酸塩泉

効能

火傷、婦人病、
循環器障害、胃腸病、
虚弱体質　ほか

お問い合わせ

みなかみ町観光協会
電話●0278-62-0401
http://www.enjoy-minakami.jp/spa/hitou/index.html

アクセス

利根郡みなかみ町

JR上毛高原駅から
バスを乗り継いで
約60分

関越自動車道
月夜野ICから約40分

群馬県

草津温泉
KUSATSU ONSEN

**湯畑を中心に盛り上がる「温泉の町」。
強い酸性泉で心も体もクリアに**

毎分約3万2300リットルという、日本最大の自然湧出量を誇る草津温泉。泉源地一帯に硫化水素臭が漂っていたため、「臭水（くさうず）」と呼ばれたのが、「草津」の名前の由来だといいます。

古くから名湯として知られた草津ですが、バブル以降は客足が落ち、それにつられて温泉のパワーも降下。復活のきっかけになったのは、温泉街の中心にある湯畑の整備でした。町営の駐車場があったこの場所を整備し、明治時代まで実在した共同浴場「御座之湯」を復活させるとともに、イベントスペース「湯路広場」を設け、湯畑のライトアップなどのまちづくりを進めたことで、

金運　恋愛運　人間関係運　仕事運　健康運

浄化

修復・回復　美肌・女性らしさup　成長・発展

活性化・生命力up

西の河原露天風呂

町にパワーが戻り、温泉にもより強い気が宿るようになったのです。

温泉自体の質の高さも折り紙付き。金属を溶かすほど強力な酸性泉が、心も体もすみずみまで浄化してくれます。温泉に含まれる硫黄が金毒を浄化するため、金運アップにも◎。

ただし、成分が強いので人によっては湯あたりしたり、肌がかゆくなったりすることも。無理をして入ると逆に効果が落ちるので、お湯が合わないと感じたら足だけお湯に浸けたり、湯気を浴びたりするだけでもＯＫですよ。

活火山である白根山（▲2171m）がもつ、強い「火」のパワーをそのまま受けているパワフルな温泉。温泉街の中心にある湯畑に人が集まりやすいことが、さらにこの温泉のパワーを強めている。入浴後は、湯畑の周辺や温泉街を散策すると、より温泉から吸収した成分が浸透しやすくなる。違う源泉のお湯に入ると、「変化」の気が生じてさらに運気アップ。

ONSEN DATA

くさつおんせん

泉質

硫黄泉、酸性泉

効能

疲労回復、皮膚病、火傷、創傷、運動機能障害、打ち身、捻挫、五十肩、筋肉痛、関節痛、冷え性、婦人病、神経痛、高血圧、糖尿病、痔、病後回復、健康増進　ほか

お問い合わせ

草津温泉観光協会
電話●0279-88-0800
https://www.kusatsu-onsen.ne.jp

アクセス

吾妻郡草津町

JR吾妻線
長野原草津口駅からバスで約25分

関越自動車道
渋川伊香保ICから約60km

1.湯畑　2.湯もみ　3.湯畑と温泉街

群馬県

Onsen Power spots No.15

谷川温泉
TANIGAWA ONSEN

谷川沿いの静かな温泉で
悪いものを流し、運の底上げを

　上越線の水上駅からほど近いところにある水上温泉郷は、草津温泉（72ページ）と並んで、温泉王国・群馬県を代表する温泉のひとつ。利根川沿いに開けた温泉地で、利根川の渓流沿いにいくつもの温泉が点在していますが、その利根川の支流、谷川を少しさかのぼったところにあるのが谷川温泉です。

　谷川温泉を含む水上温泉郷は、谷川岳、武尊山からの生気を受けているエリア。なかでも豊かな自然に囲まれている谷川温泉は、山や森からのパワーを強く受けています。

　泉質は、アルカリ性単純温泉や硫酸塩泉で、いずれも肌触りの優しいお湯です。単純温泉は

金運

恋愛運

人間関係運

仕事運

健康運

浄化

修復・回復

美肌・女性らしさUP

成長・発展

活性化・生命力UP

水上山荘

あらゆる運気の底上げをしてくれるほか、ストレス解消に効果的。特にアルカリ性の単純温泉は心をケアする働きが強いので、疲れがたまっているとき、心の傷を癒やしたいときにおすすめ。恋愛運アップにも効果があります。

また、ここの硫酸塩泉は、カルシウムイオンを多く含んでいるため、水毒浄化効果が大。谷川を眺めながら入浴するか、川のそばで「水」の気配を感じながらゆったりと温泉に浸かりましょう。

宿のお風呂は泉質が1種類しかないという場合は、単純温泉、アルカリ性単純温泉、硫酸塩泉という3種類の源泉が楽しめる日帰り入浴施設「湯テルメ谷川」へ。異なる泉質の温泉に入ることで、運気が定着しやすくなります。

ONSEN DATA

たにがわおんせん

泉質

単純温泉、硫酸塩泉

効能

神経痛、痛風、胃腸病 ほか

お問い合わせ

みなかみ町観光協会
電話●0278-62-0401
http://www.enjoy-minakami.jp/spa/hitou/index.html

アクセス

利根郡みなかみ町谷川

JR上越線 水上駅から徒歩25〜60分

関越自動車道 水上ICから約10分

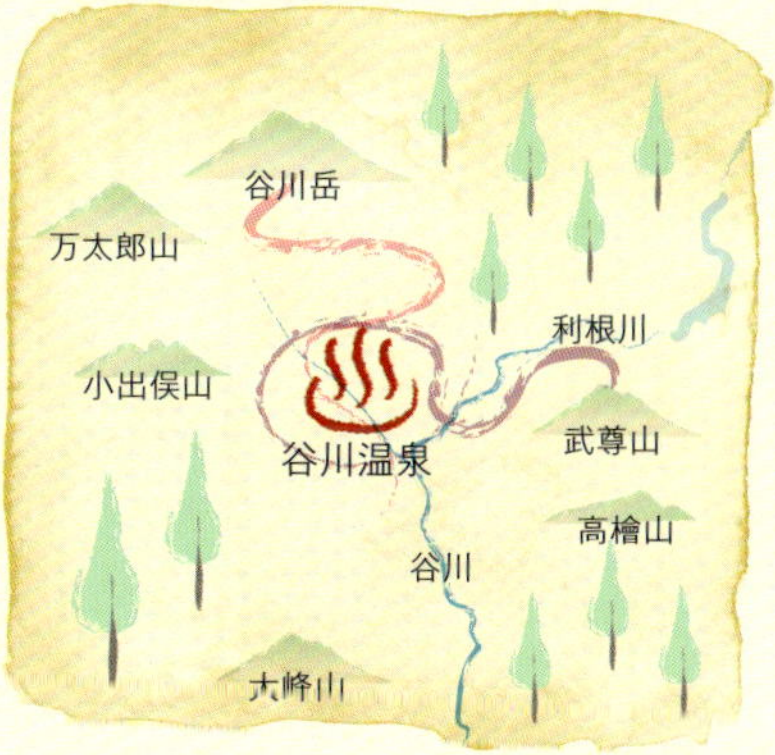

谷川温泉のある水上温泉郷には、谷川岳（▲1977m）のほか、武尊山（▲2158m）からも生気が流れ込んでいる。とりわけ、渓流沿いにある谷川温泉は、温泉だけでなく、周囲の自然環境からも多くの生気が得られる。川沿いにある宿が多いので、特に「水」の気が強く感じられる温泉。川を眺めたり、川べりを散歩したりするとさらに浄化作用が強まる。

＊写真協力：みなかみ町観光協会

1.谷川連峰　2.湯テルメ谷川

Onsen Power spots No. 16

栃木県
塩原温泉郷
SHIOBARA ONSENKYO

**泉質の種類が豊富で湯めぐりに最適。
川を見ながら入浴すると運気アップ**

塩原温泉郷は、栃木県北部を流れる箒川の渓谷沿いに連なる11の温泉地の総称です。このあたりは、福島県との県境にある帝釈山脈からの気がたまっているエリア。箒川が気の流れをせき止めているため、渓谷の周辺に気が滞留しているのです。

この温泉郷で最も古い温泉は、806（大同元）年に発見された元湯。その後、箒川沿いに次々と温泉が湧き出し、現在では約60軒の宿数に対し、源泉はなんと150カ所以上に及びます。

塩原温泉郷の最大の特徴は、ひとつのエリアにこれだけ多くの源泉が集中しているにもかかわら

金運　恋愛運　人間関係運　仕事運　健康運　浄化　修復・回復　美肌・女性らしさUP　成長・発展　活性化・生命力UP

塩原温泉郷には、さまざまな泉質の温泉がある

ONSEN DATA

しおばらおんせんきょう

泉質

単純温泉、塩化物泉、炭酸水素塩泉、硫酸塩泉、硫黄泉、酸性泉

効能

皮膚病、婦人病、リウマチ、神経痛　ほか

お問い合わせ

塩原温泉観光協会
電話●0287-32-4000
http://www.siobara.or.jp

アクセス

那須塩原市塩原

JR那須塩原駅から
バスで約40分

東北自動車道
西那須野塩原ICから
約13km

1.塩原温泉郷　2.湯っ歩の里　3.自噴泉の岩の湯

ず、泉質の種類が多いこと。最も多いのは塩化物泉ですが、それ以外にも単純温泉、炭酸水素塩泉、硫黄泉、酸性泉、硫酸塩泉と、全部で6種類の泉質がそろっています。観光協会などで販売されている無料入浴券付きの「湯めぐり手形」を利用して、温泉のはしごを楽しむのもおすすめですよ。

この温泉での開運キーワードは「水」。箒川の水に山の生気が溶け込んでいるので、川を眺めながら温泉に入り、温泉のパワーとともに、周囲の山の生気も吸収しましょう。

栃木県と福島県の県境にある帝釈山脈からパワーをもらっているエリア。南へと向かう生気の流れが高原山（主峰は釈迦ヶ岳▲1795m）でいったんせき止められ、塩原温泉郷のある箒川のあたりにたまっていると考えられる。箒川の水に山々のパワーが溶け込んでいるため、川を眺めながら温泉に浸かると、この土地のパワーを余すところなく吸収できる。

Onsen Power spots No. 17

栃木県

那須&大丸温泉

NASU & OOMARU ONSEN

那須の硫黄泉で金運を豊かにし、大丸の単純温泉で運の底上げを

那須連山の主峰である茶臼岳の山腹は、茶臼岳の生気を受けているエリア。この地域には、古くから多くの火山性温泉が散在しています。それらを総称して那須温泉郷と呼んでいますが、那須温泉はそのなかで最も古い温泉です。

この温泉を訪れたら、まず共同浴場「鹿の湯」で温泉のパワーを吸収しましょう。宿に泊まる場合も、まずはここに立ち寄って入浴することをおすすめします。泉質は酸性の硫黄泉。白濁したお湯から漂う硫黄の臭いが金運を呼び込んでくれます。温度の高い源泉を頭部にかけてから、温度差を設けた浴槽に短時間ずつ入る「時間湯」という独特の入浴法にも、ぜひチャレンジを。

大丸温泉 川の湯

さらに、那須温泉郷の最奥地にある大丸温泉も、ぜひ訪ねてほしい温泉です。茶臼岳を水源とする白戸川の流れそのものが温泉になっている珍しい温泉で、泉質は単純温泉。単純温泉というと効果が薄いような気がするかもしれませんが、いろいろな成分が含まれている単純温泉は、総合的に運を底上げする効果にかけてはどの泉質より優れています。また、天然の保湿成分といわれるメタケイ酸を多く含んでいるため、美肌効果も抜群ですよ。

那須温泉、大丸温泉は、いずれも茶臼岳（▲1915m）の気が受け取れる場所。特に大丸温泉は、風水地形の「手（しゅ）」にあたる場所にあるため、茶臼岳の気がダイレクトに流れ込み、それが温泉のパワーを強めている。なお、那須高原周辺は、パン屋さんの激戦区としても有名。温泉を堪能した後は、おみやげにおいしいパンを買って帰るのもおすすめ。

ONSEN DATA

なす＆おおまるおんせん

泉質

硫黄泉、酸性泉（那須温泉）
単純温泉（大丸温泉）

効能

疲労回復、皮膚病、
神経痛、リウマチ、神経痛、
胃腸病　ほか

お問い合わせ

那須町観光協会
電話●0287-76-2619
http://www.nasukogen.org

アクセス

那須郡那須町

JR東北本線
黒磯駅からバスで
約30〜50分

東北自動車道
那須ICから
約12〜18km

1

2

3

1.茶臼岳　**2.**大丸温泉　**3.**鹿の湯

Onsen Power spots No. 18

神奈川県

箱根湯本温泉

HAKONEYUMOTO ONSEN

町の活気が溶け込んだ温泉ですべての運の活性化&底上げを

箱根の玄関口にある箱根湯本温泉は、奈良時代、天平年間に発見された歴史ある温泉。現在も全国最大宿泊者数を誇る箱根温泉郷の中で、最もにぎわいのある温泉街といわれています。

風水では、山から下りてきた生気は、麓の開けた場所にたまりやすいといわれていますが、箱根湯本はまさにそういう地形。だからこそ、町に活気があふれ、その活気が温泉にパワーを与えてきたのでしょう。東海道という大きな街道沿いにあったことも、土地の気を活性化させ、温泉のパワーを強める要因のひとつになったと考えられます。

箱根山で最も強い生気を放っているのは駒ヶ

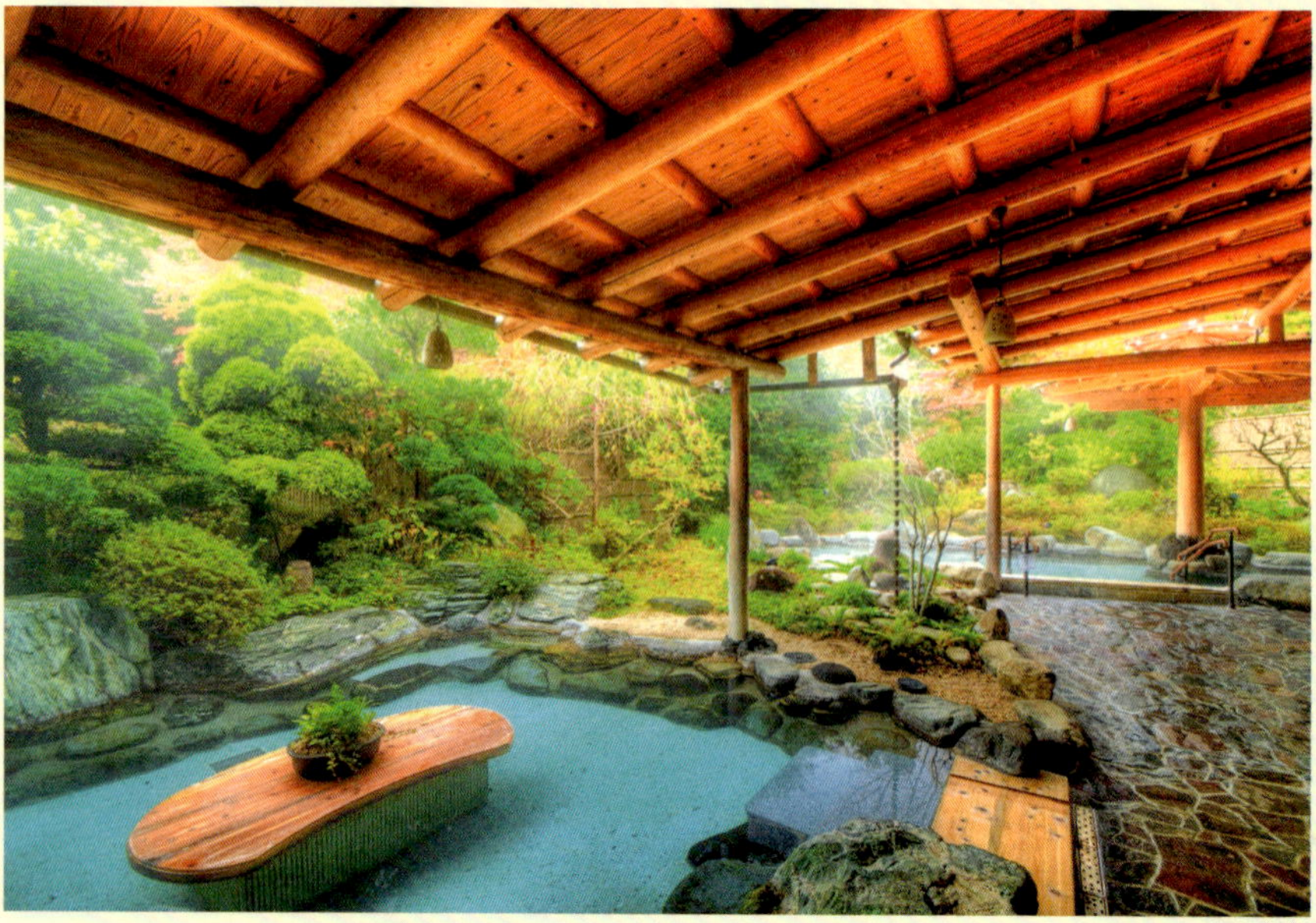

吉池旅館

金運
恋愛運
人間関係運
仕事運
健康運
浄化
修復・回復
女性らしさup 美肌・
成長・発展
生命力up 活性化・

箱根山（▲1438m）の麓にある箱根温泉は、地形的に気がたまりやすい場所。箱根山、駒ヶ岳からの生気は大部分が芦ノ湖方面に流れるが、一部は湯本周辺にたまる。そのほか、丹沢山系から流れてきた生気、富士山の生気なども集結している。そのため、古くから人の往来が多く、町に活気があった。さらに、すぐそばを通る東海道も、気の活性化を促している。

1.温泉街　**2.**箱根水明荘

岳ですが、そこからの気はほとんどが芦ノ湖のほうへ流れていってしまい、箱根湯本に下りてくるのはその一部だけ。ただ、それに加えて丹沢山系から山々の間をリレーされるように流れてきた生気、富士山からの生気などが集まり、温泉にパワーを与えています。

泉質はアルカリ性単純温泉。肌触りがよく、入りやすいお湯で、すべての運気を底上げして活性化するとともに、今の自分に欠けているものを修復し、運を満たしてくれます。オールマイティでどんな運にも効くのが単純温泉の特徴なので、特定の運がほしい人はもちろんですが、どの運も少しずつ底上げしたいという人にもおすすめです。

ONSEN DATA

はこねゆもとおんせん

泉質

単純温泉

効能

皮膚病、創傷、筋肉痛、関節痛、婦人病、リウマチ、神経痛、高血圧　ほか

お問い合わせ

箱根湯本観光協会
電話●0460-85-7751
http://www.hakoneyumoto.com

アクセス

足柄下郡箱根町湯本

箱根登山鉄道
箱根湯本駅から
徒歩すぐ

小田原箱根道路・
箱根新道山崎ICから
約1km

＊写真協力：箱根湯本観光協会

Onsen Power spots No. 19

神奈川県

箱根芦之湯温泉

HAKONEASHINOYU ONSEN

龍穴のパワーがそのまま受け取れる強力な「パワースポット温泉」

駒ヶ岳、二子山などに囲まれた標高874メートルの高地にある芦之湯温泉は、江戸時代、「箱根七湯」と呼ばれた温泉地のひとつ。七湯のなかでも最奥地にありながら、その薬効は高く評価され、多くの文人墨客に愛されていました。地理的にも、箱根山の駒ヶ岳から箱根神社へと向かう龍道の流れの中にあるため、龍穴のパワーをそのまま受けられる、まさに「パワースポット温泉」といえます。

芦之湯温泉には自家源泉をもつ宿が2軒あり、「松坂屋本店」は硫酸塩泉、「きのくにや旅館」では硫黄泉と、それぞれ異なる泉質の温泉が楽しめます。

芦ノ湖と富士山

特に芦之湯の硫酸塩泉は、ナトリウム、カルシウム、マグネシウムをすべて含み、さらに炭酸水素塩泉の成分も入っているという珍しいもので、浄化、金運、運の修復、恋愛運、健康運など、さまざまな運気を高める効果があります。また、硫黄や硫化水素を含んだ温泉は、空気に触れることで白濁しますが、ここの硫酸塩泉はグリーンがかって見えることも。このように色が変化する温泉は、強い「変化」の気を発するため、入浴することでより多くのパワーを吸収できます。

スケジュールに余裕があれば、強力なパワースポットである箱根神社にもぜひ立ち寄って。先にお参りをしてから温泉に浸かると、さらにパワーの吸収率が高まりますよ。

ONSEN DATA

はこねあしのゆおんせん

泉質

硫酸塩泉、硫黄泉

効能

疲労回復、皮膚病、湿疹、アトピー、創傷、捻挫、腰痛、運動機能障害、打ち身、五十肩、筋肉痛、関節痛、冷え性、リウマチ、神経痛、循環器障害、高血圧、痔、糖尿病、胃腸病、喘息、病後回復、健康増進 ほか

お問い合わせ

箱根町観光協会
電話 0460-85-5700
https://www.hakone.or.jp

アクセス

足柄下郡箱根町芦之湯

JR東海道本線
小田原駅からバスで
約40分

小田原厚木道路
小田原西ICから
約17km

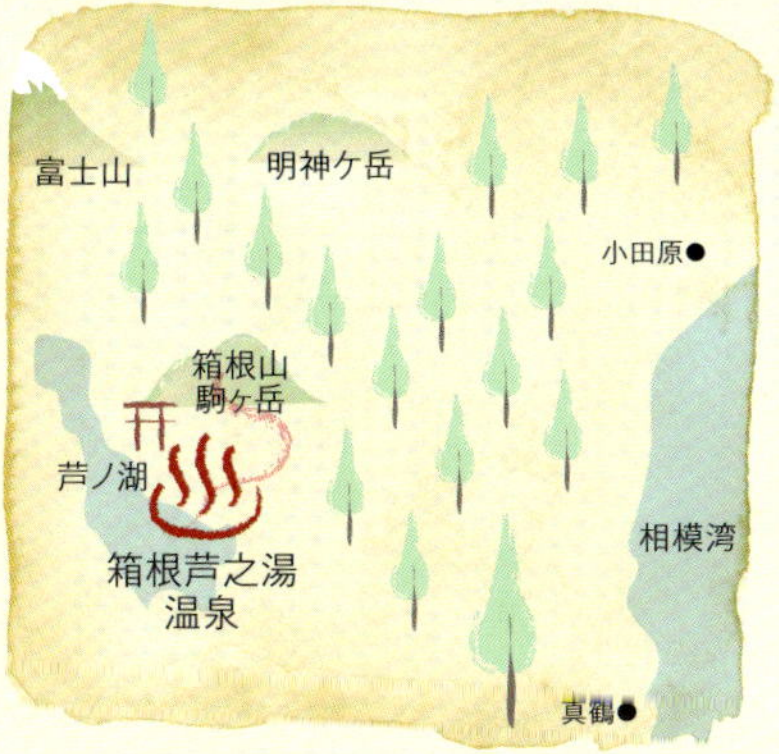

箱根山（▲1438m）から箱根神社に向かう気の通り道（＝龍脈）にあるため、龍脈を流れる気がそのまま吸収できる貴重な温泉。温泉地としての規模は小さいが、吸収できるパワーはとても大きい。山間にある温泉地なので、温泉成分が定着しやすいのもメリット。箱根神社で土地の気を吸収してから温泉に浸かると、さらに吸収率が高まる。

1.2.松坂屋本店

Onsen Power spots No. 20

神奈川県

湯河原&奥湯河原温泉

YUGAWARA ONSEN & OKUYUGAWARA ONSEN

万葉集にも登場する歴史ある温泉地。運の地盤を見つめ直したいときに◎

湯河原温泉は、古くは万葉集にも詠まれたほどの歴史ある温泉地。丹沢山地から箱根山を経由した気が伊豆半島に抜けるルート上にあるため、そのパワーが温泉に溶け込んでいます。さらに、富士山から箱根を通り、伊豆方面へと抜ける気にも影響を受けています。

泉質はナトリウム-塩化物・硫酸塩泉(塩化物泉)。弱アルカリ性で肌に優しく、また湯冷めしにくいのが特徴で、江戸時代には、刀傷やケガの治りを早める「傷の湯」として重宝されていました。

風水的には、浄化の力が強い温泉です。湯河原温泉のように山のそばにある塩化物泉は、特

こごめの湯

金運
恋愛運
人間関係運
仕事運
健康運
浄化
修復・回復
女性らしさup 美肌・
成長・発展
生命力up 活性化・

にベースを浄化してくれる力が強いのが特徴。自分の地盤を見つめ直したいとき、自分の運のベースを改善したい、浄化したいときに入ると効果的です。また、心身が疲れたときにここの温泉に浸かると、心や体を浄化し、疲れを取ってくれますよ。

さらに、駅から少し離れた奥湯河原エリアまで足を延ばせば、硫酸塩泉の温泉も楽しめます。奥湯河原温泉のお湯はカルシウムを含む石膏泉なので、修復力が抜群。ストレスから受けた傷を回復したいときにもおすすめです。

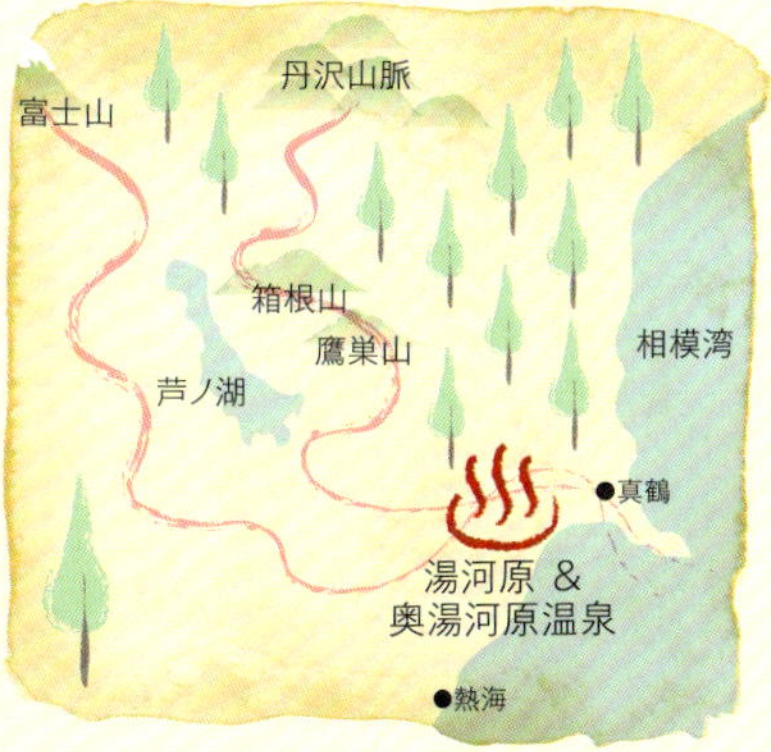

丹沢山地から箱根山（▲1438m）へと流れてきた気が、山を下りて伊豆半島へと抜ける、そのルート上に位置する温泉。さらに、富士山から箱根へと流れてくる気が同様に伊豆方面へと抜けるルートにも乗っている。山と森に囲まれているため、周囲の環境からの運をもらいやすく、温泉成分の定着率も高い。電車でも訪れやすいので、ぜひ気軽に出かけて。

ONSEN DATA

ゆがわら&おくゆがわらおんせん

泉質

塩化物泉（湯河原温泉）、
硫酸塩泉（奥湯河原温泉）

効能

疲労回復、皮膚病、火傷、創傷、運動機能障害、打ち身、捻挫、五十肩、筋肉痛、痔、関節痛、冷え性、婦人病、神経痛、胃腸病、病後回復、虚弱体質、健康増進　ほか

お問い合わせ

湯河原温泉観光協会
電話●0465-64-1234
http://www.yugawara.or.jp

アクセス

足柄下郡湯河原町宮上

JR東海道本線
湯河原駅からバスで約10分

西湘バイパス石橋ICから
約20km

＊写真協力：湯河原温泉観光協会

1.温泉街　2.独歩の湯

北米

カナダ・バンフ

アラスカ

アラスカといえばオーロラ観賞で有名だが、フェアバンクスから１００キロほど離れたところにあるチェナ温泉では、オーロラ観賞と源泉掛け流しの温泉をセットで楽しむことができる。泉質は硫黄泉で、冬は露天で雪見風呂も。

◎おすすめの温泉

●チェナ・ホットスプリングス

カナダ

日本と同じ環太平洋火山帯に属し、１００カ所以上の温泉がある。硫黄泉、ラジウム泉など泉質も豊富。大半がブリティッシュ・コロンビア州だが、大自然の中にある温泉が多く、観光客が気軽に行けるところは全体の１割ほど。

◎おすすめの温泉

●バンフ・アッパー・ホット・スプリングス　●アインスワース・ホットスプリングス

●ハリソン・ホットスプリングス

アメリカ

カナダと同じく、アメリカも温泉大国だが、温泉単独で楽しむというより、スパの一部という位置づけ。なお、イエローストーン国立公園の中にも世界一の湧出量を誇る温泉があるが、こちらは見るだけで入浴は不可。

◎おすすめの温泉

●デザート・ホット・スプリングス

●ソノマ　●カリストガ

Chapter 5

中部地方

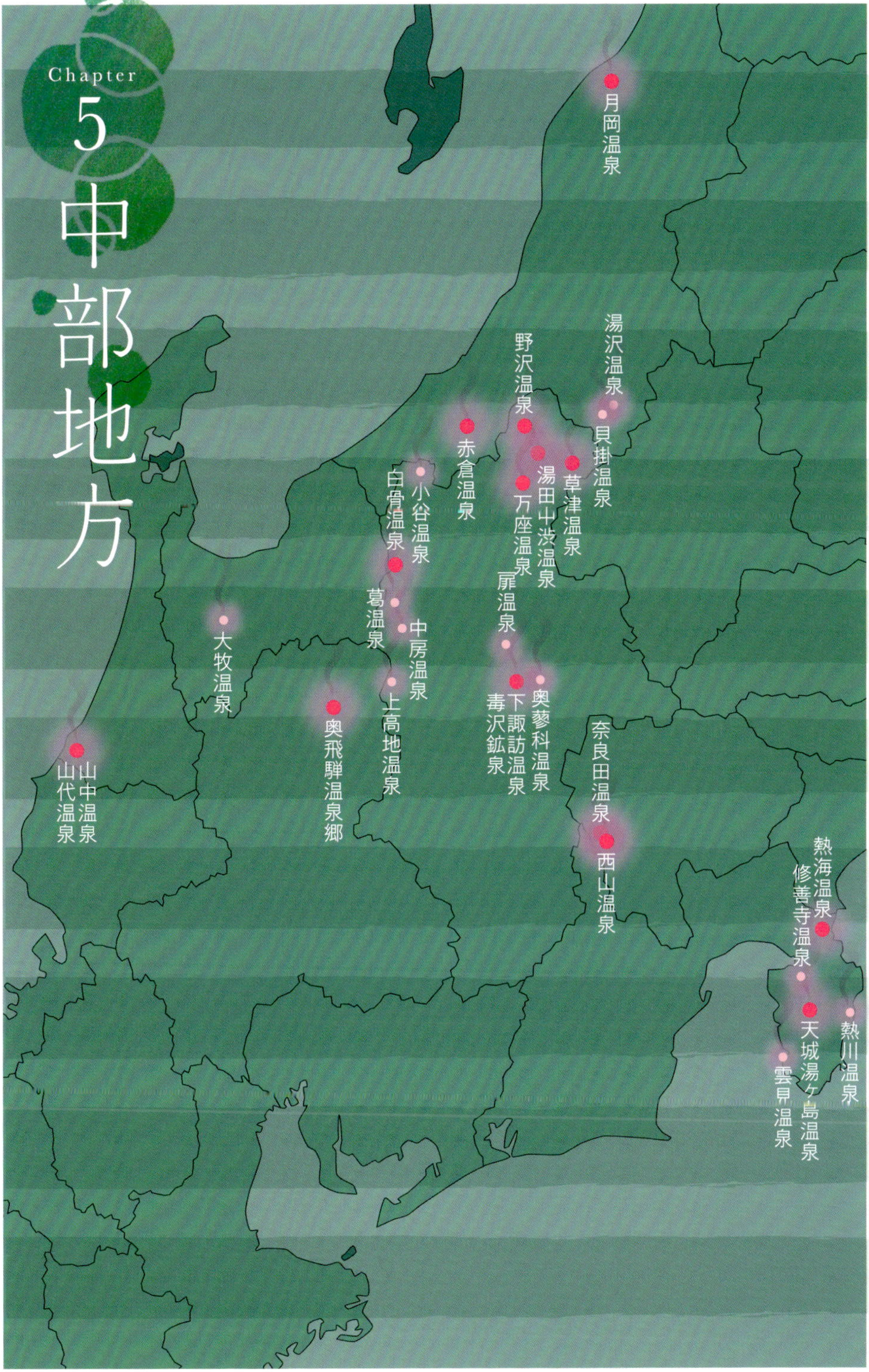

Onsen Power spots No.21

静岡県

熱海温泉

ATAMI ONSEN

浸透率が高く、「入ってくる」温泉。「走り湯」にもぜひ足を延ばして

伊豆半島の東側の付け根に位置する熱海温泉は、静岡県を代表する大温泉地。丹沢山地から箱根山を経由して流れてくる生気に加えて、富士山からの気も流れ込んでいるため、町に活気があふれ、その気が温泉にも溶け込んでいます。

泉質は塩化物泉、硫酸塩泉が全体の約9割を占め、残りの1割が単純温泉。いずれも体への浸透率が高く、体の奥底にある、自分でも気づいていない毒や悪いところなどを浄化、修復し、運を修繕してくれます。また、ほとんどのお湯が肌に優しい弱アルカリ性で、美肌効果も高いといわれています。

さらに、熱海温泉を訪れたなら、すぐ近くに

整備されたハーバーと熱海

ONSEN DATA

あたみおんせん

泉質

単純温泉、塩化物泉、硫酸塩泉

効能

皮膚病、創傷、筋肉痛、関節痛、冷え性、婦人病、リウマチ、神経痛　ほか

お問い合わせ

熱海温泉ホテル旅館協同組合

電話●0557-81-5141

http://www.atamispa.com

アクセス

熱海市上宿町

JR東海道新幹線熱海駅下車

小田原厚木道路石橋ICから約20km

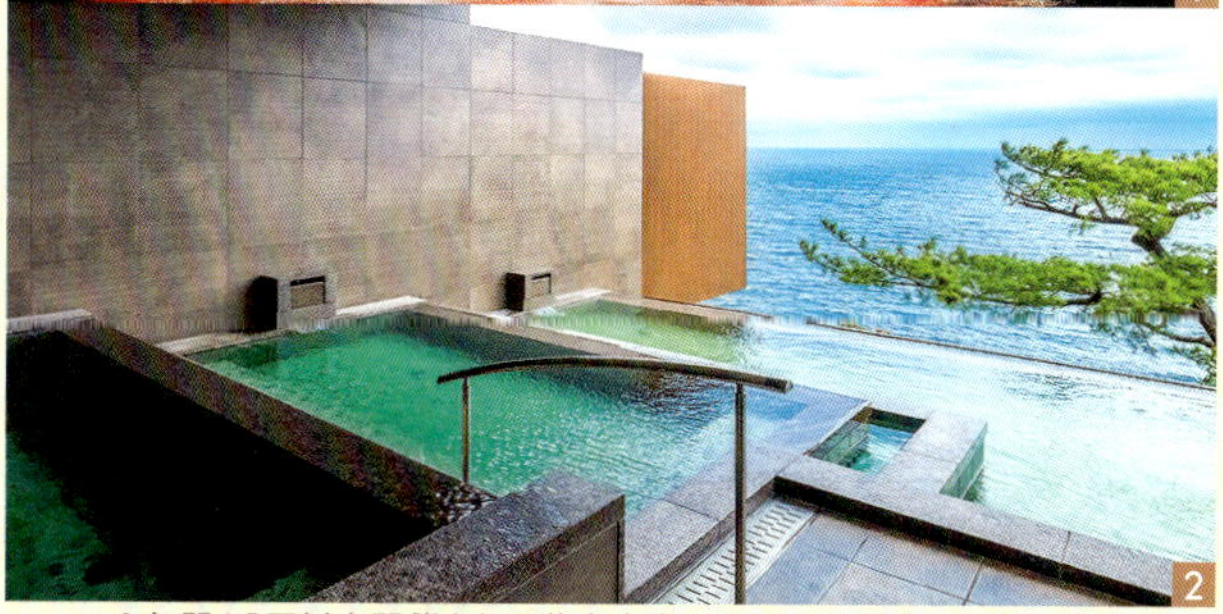

1.年間10回以上開催される花火大会　**2.**アカオリゾート公国 スパリウム

ある伊豆山温泉の「走り湯」にもぜひ足を延ばしてみてください。「走り湯」は、役小角によって発見されたといわれる横穴式の源泉で、兵庫県の有馬温泉（118ページ）、愛媛県の道後温泉（130ページ）と並んで日本三大古泉のひとつ。泉質はカルシウム-ナトリウム 塩化物泉で、一瞬で気を急上昇させる強いパワーをもっています。日帰り入浴が可能な宿泊施設もありますが、源泉の湯気を浴びるだけでも、十分にパワーがもらえますよ。

熱海温泉の周辺は、丹沢山地から箱根山（▲1438m）を経由して流れてきた気と、富士山から箱根山を通り、海に抜けていく気の両方を受けているため町自体に活気があり、それが温泉の活性化につながっている。ただし、温泉のパワーそのものは、伊豆山温泉の「走り湯」のほうが強力。熱海に宿泊し、日帰りで「走り湯」を訪れるのがベストプラン。

静岡県

天城湯ヶ島温泉
AMAGIYUGASHIMA ONSEN

Onsen Power spots No.22

開運キーワードは「水」。
ゆったりと過ごして運の底上げを

伊豆半島の中央を流れる狩野川沿いに湧き出している天城湯ヶ島温泉は、伊豆半島では数少ないパワフルな温泉のひとつ。古くから多くの文人に愛され、川端康成の『伊豆の踊子』、井上靖の『しろばんば』といった名作の舞台にもなりました。温泉地としての規模は小さめですが、クラシックな温泉旅館からリゾートホテルまでさまざまなタイプの宿がそろい、日帰り入浴施設も充実しています。

泉質は単純温泉、カルシウムやナトリウムを含む硫酸塩泉。単純温泉は運の総合的な底上げやストレス解消に、硫酸塩泉は浄化や運の修復に効果を発揮します。また、いずれの温泉も

金運
恋愛運
人間関係運
仕事運
健康運
浄化
修復・回復
美肌・女性らしさup
成長・発展
活性化・生命力up

白壁荘 巨石風呂

ONSEN DATA

あまぎゆがしまおんせん

泉質

単純温泉、硫酸塩泉

効能

婦人病、リウマチ、神経痛、胃腸病、冷え性、関節痛、筋肉痛

お問い合わせ

伊豆市観光協会
天城支部
電話●0558-85-1056
https://www.amagigoe.jp

アクセス

伊豆市湯ケ島

伊豆箱根鉄道駿豆線
修善寺駅からバスで
約30分

東名高速道路
沼津ICから約50分

＊写真協力:伊豆市観光案内所

1.秋の温泉街　**2.**ワサビ田　**3.**硫酸塩泉·単純温泉が楽しめる

弱アルカリ性なので、愛情運や健康運、みずみずしさや女性らしさを高めてくれる効果もあります。

この温泉での開運キーワードは「水」。川沿いに気が集まっているので、滝を見に行ったり川沿いを散歩したりして、積極的に「水」の気を取り込みましょう。清流で育てられたわさびを食べるのも◎。また、滞在中はせかせかせず、ゆったりと過ごすように心がけて。仲のいい友人や家族と一緒だと、より絆が深まりますよ。

伊豆半島には生気を発するような霊山がなく、北から流れてきた気もそのまま熱海、あるいは沼津方面に抜けていく。そのため、風水的なパワーのある温泉が少ない。天城湯ケ島温泉は、天城山（▲1406m）に近く、また渓流沿いにあるために、よい気が集まりやすい。川の水に気が集中しているので、川を眺める、川べりを散策するなどして気を取り込んで。

Onsen Power spots No. 23

山梨県

奈良田温泉

NARADA ONSEN

すべての運を充実させてくれるとろりとした肌触りの極上温泉

南アルプスの奥深く、3000メートル級の山々に囲まれた渓谷沿いにある一軒宿の秘湯。この地に湧く温泉は、数々の効能があることから「七不思議の湯」とも呼ばれ、約1300年前に孝謙天皇が湯治に訪れたという伝説も残っています。南アルプスの山脈から流れてくる気がダイレクトに受け取れる、日本でも指折りの名湯です。

何よりすばらしいのが、温泉の泉質。源泉掛け流しの温泉は、肌に吸い付くようなとろりとした感触の硫黄泉で、まるで化粧水に浸かっているようです。硫黄泉がもたらす運気は金運ですが、このとろみが加わることで「充実」の運気

石造りの露天風呂

ONSEN DATA

ならだおんせん

泉質

硫黄泉

効能

皮膚病、冷え性、婦人病、神経痛、痛風、糖尿病、肝臓病、便秘、痔　ほか

お問い合わせ

早川町観光協会
電話●0556-48-8633
http://www.town.hayakawa.yamanashi.jp/tour/spot/spa/narada.html

アクセス

南巨摩郡早川町奈良田

JR身延線身延駅からバスで90分

中央自動車道甲府南ICから約60分

＊写真協力:奈良田温泉 白根館

1.北岳　**2.**白濁の総檜風呂　**3.**白根館遠景

がアップ。すべての運を充実させてくれる効果があります。また、この温泉は、天候や気温によって、色が透明、白、グリーンと変化するため、「変化」の気が強く、成分を吸収しやすいという特徴もあります。

宿のすぐそばには日帰り入浴施設もあり、そちらも源泉掛け流しなので、はしごしてみるのもおすすめです。なお、こちらの温泉はナトリウム－塩化物・炭酸水素塩泉で、同じようにぬめりのあるお湯ですが、成分が若干異なります。

南アルプス（赤石山脈）から流れてくる生気をダイレクトに受け取れる温泉。すぐそばに奈良田湖があり、流れてきた気がそこでとどまっていることも、この一帯に強い気がたまっている原因のひとつ。最寄りのインターチェンジから車で2時間かかるという交通の便の悪さが難点だが、その分、環境はすばらしく、目の前の山からたっぷりと気を吸収できる。

Onsen Power spots No. 24

山梨県

西山温泉

NISHIYAMA ONSEN

信玄や家康も訪れた山奥の秘湯。浄化力の強い温泉で滞りを流して

南アルプスを源流とする早川渓谷に湧き出している温泉で、奈良田温泉（92ページ）と同様に、南アルプスの山々から流れてくる生気をダイレクトに受け取れる場所にあります。開湯は約1300年前の705（慶雲2）年。古くから湯治場として人気を集め、戦国時代には武田信玄や徳川家康が訪れたと伝えられています。

交通の便があまりよくないこともあり、宿の数は多くはありませんが、世界最古の宿としてギネスブックに認定された「慶雲館」のほか、湯治客に人気の「蓬莱館」、「湯島の湯」があり、いずれも源泉掛け流しで、質のいい温泉を堪能できます。

共同浴場 湯島の湯

ONSEN DATA

にしやまおんせん

泉質

硫酸塩泉

効能

美肌、筋肉痛、
胃腸病、便秘

お問い合わせ

早川町観光協会
電話●0556-48-8633
http://www.town.hayakawa.yamanashi.jp/tour/spot/spa/nishiyama.html

アクセス

南巨摩郡早川町湯島

JR身延線身延駅から
バスで90分

中部横断自動車道
増穂ICから約60分

＊写真協力：西山温泉 慶雲館
早川町

1.慶雲館 貸切野天風呂　2.慶雲館 望渓の湯　3.共同浴場 湯島の湯

南アルプス（赤石山脈）から流れてくる生気をダイレクトに受け取れる温泉。山間の秘湯なので、いわゆる温泉街のようなものはないが、その分、眼前にそびえ立つ山々から、たっぷりと生気を受け取れる。奈良田温泉（92ページ）とは距離的にも近いので、片方に宿泊して、もう片方は日帰りで楽しむのも◎。違う温泉に続けて入ることで吸収率もより高くなる。

泉質は宿によって異なりますが、代表的なものは硫酸塩泉。ナトリウムイオンや塩化物イオンが多く含まれており、浄化力が強いのが特徴です。運や心の滞りをなくしてスムーズに流してくれる作用があるので、人間関係や仕事、恋愛などにつまずいている人、物事がうまくいかないと感じている人はぜひ訪れてみてください。

なお、西山温泉と奈良田温泉は同じ町内にあり、車で10分ほどの距離なので、両方訪れて、泉質の違いを体感してみるのも◎。

長野県

下諏訪温泉 毒沢鉱泉
SHIMOSUWA ONSEN / DOKUSAWA KOSEN

Onsen Power spots No.25

諏訪大社に流れる龍脈の気を吸収。
大きな変化がほしい人は毒沢鉱泉へ

下諏訪は、古くから諏訪大社下社の門前町として栄えた町で、中山道、甲州街道では唯一の温泉宿場町でもありました。当時、下諏訪を訪れた旅人は、本陣脇にある共同湯に入り、疲れを癒やしたといわれています。

下諏訪温泉のパワーの源になっているのは、諏訪大社下社に流れている龍脈の気。八ヶ岳から霧ヶ峰を経由して諏訪湖に向かって流れてくるこの龍脈の気が加わることで、もともともっている温泉のパワーがより強いものになっているのでしょう。

下諏訪温泉の泉質は、弱アルカリ性単純温泉、

金運　恋愛運　人間関係運　仕事運　健康運　浄化　修復・回復　美肌・女性らしさup　成長・発展　活性化・生命力up

飲泉できる毒沢鉱泉の含鉄泉　　　　　下諏訪温泉

ONSEN DATA

どくさわこうせん

泉質

含鉄泉

効能

疲労回復、皮膚病、捻挫、運動機能障害、打ち身、五十肩、筋肉痛、痔、貧血、関節痛、婦人病、神経痛、病後回復、健康増進 ほか

お問い合わせ

毒沢鉱泉 神乃湯
電話●0266-27-5526
http://www.kaminoyu.com/

アクセス

諏訪郡下諏訪町社

JR中央本線
下諏訪駅下車

中央自動車道
岡谷ICから車で15分

＊写真協力:長野県観光機構

ONSEN DATA

しもすわおんせん

泉質

単純温泉、硫酸塩泉、含鉄泉

効能

疲労回復、運動機能障害、打ち身、捻挫、肩こり、痔、筋肉痛、関節痛、冷え性、神経痛、病後回復 ほか

お問い合わせ

下諏訪観光案内所
電話●0266-28-2231
http://shimosuwa.com

アクセス

諏訪郡下諏訪町
広瀬町

JR中央本線
下諏訪駅下車

中央自動車道
諏訪ICから車で25分

1.毒沢鉱泉 神乃湯 **2.**諏訪湖
3.諏訪大社下社春宮

硫酸塩泉、含鉄泉の3種類。それぞれの泉質のもつ運気に加えて、諏訪湖のもつ「水」の気が「充実」の運気を与えてくれます。

同じエリアにある毒沢鉱泉も、ぜひ訪ねてほしい温泉のひとつです。信玄の隠し湯ともいわれる毒沢鉱泉は、下諏訪温泉と同じように八ヶ岳からの生気を受けており、泉質は含鉄泉。人生に大きな変化をもたらしたり、自分の中にある毒を消滅させてくれたりする効果があります。飲泉もできるので、ひと口だけでも口に含んでから入浴すると、さらに吸収率が上がりますよ。

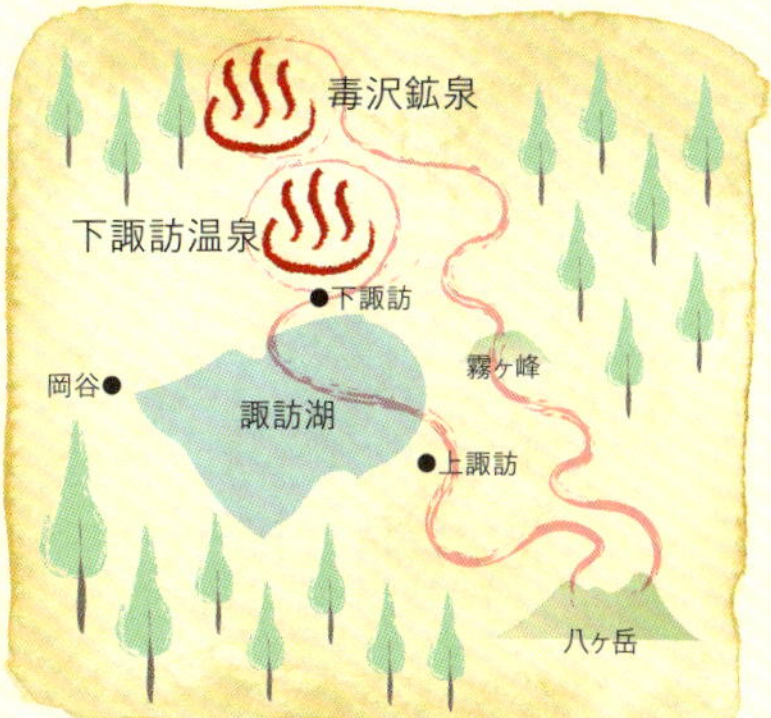

八ヶ岳（最高峰は赤岳▲2899m）が発する生気は、霧ケ峰（▲1925m）を経由して高ボッチ山に降りるルートと、諏訪湖に降りてくるルートに分かれ、毒沢鉱泉は前者、下諏訪温泉は後者の気を受けている。また、どちらの温泉も中山道沿いにあるため、街道を流れる気の影響も大。温泉に浸かった後は、諏訪大社にも足を運び、パワー強化を。

金運

恋愛運　人間関係運　仕事運　健康運

浄化

修復・回復　美肌・女性らしさ up　成長・発展　活性化・生命力 up

長野県

野沢温泉
NOZAWA ONSEN

伝統が息づく「外湯」は源泉掛け流し。
歩きながらの湯めぐりで金運を豊かに

　長野県は、県内に231カ所もの温泉地がある、全国でも有数の温泉王国。そのなかでも野沢温泉は、中世の自治的村落共同体である「惣村」の伝統に基づく温泉の共同管理が今も生き続けている、珍しい温泉地です。

　村には13カ所の外湯（共同浴場）がありますが、これらは中世の伝統を受け継ぐ「湯仲間」という制度によって共同管理されてきたもの。現在でも村の人たちによって清掃管理がなされ、一般の人たちにも無料で開放されています。温泉はすべて源泉から直接引かれており、100％掛け流し。いつでも湧き出したばかりの温泉に浸かることができます。

共同浴場　大湯

ONSEN DATA

のざわおんせん

泉質

硫黄泉

効能

皮膚病、火傷、創傷、痔、婦人病、リウマチ、神経痛、痛風、糖尿病、胃腸病 ほか

お問い合わせ

野沢温泉観光協会
電話●0269-85-3155
http://nozawakanko.jp

アクセス

下高井郡野沢温泉村豊郷

JR北陸新幹線
飯山駅からバスで約25分

上信越自動車道
豊田飯山ICから約20km

＊写真協力：長野県観光機構

1.麻釜　**2.**共同浴場 大湯　**3.**秋の上ノ平高原

泉質はアルカリ性の硫黄泉。金毒を浄化するとともに、お金や楽しみ事をもたらしてくれる作用があります。源泉によって成分や温度が異なるので、いくつかの外湯をはしごして、違いを楽しんでください。成分の異なる硫黄泉に入ることで、金運に変化が生じ、お金や楽しみ事が増えやすくなります。

また、山に囲まれた野沢温泉は、「定着」の運気が強い場所。温泉街を歩きながら外湯めぐりをすることで、さらにその気が強まりますよ。

毛無山（▲1650m）、高標山（▲1747m）をはじめとする奥志賀の山々が発する生気をダイレクトに受け取れる温泉地。さらに、妙高山（▲2454m）からも気のサポートを受けている。山に囲まれているため、定着の運気が強い。温泉街を歩いて湯めぐりを楽しむことで、さらに「土」＝「定着」の気が強くなり、温泉成分が運として定着しやすくなる。

Onsen Power spots No. 27

長野県

白骨温泉

SHIRAHONE ONSEN

肌に優しい乳白色の硫黄泉。時間をかけて入り、豊かさを吸収して

乗鞍岳の山麓、標高1400メートルの山間にある温泉地。「白骨」の名は、温泉に含まれる炭酸カルシウムが湯船に付着している様子がまるで骨のように見えることからついたとも、その情景を船に見立てて「白舟」と呼んだものが「白骨」になったともいわれています。

白骨温泉のある一帯は、穂高岳、槍ヶ岳、上高地の三方から強い生気を受けているため、土地のもつパワーがとても強力。温泉自体も成分が濃く、しかも浸透率がいいので、時間をかけてゆっくり浸かり、たっぷりと成分を吸収しましょう。お湯に浸かる前に飲泉所で飲泉しておくと、さらに吸収率が高まります。

硫黄泉

泉質は硫黄泉。炭酸カルシウムを生成する成分と硫黄成分が空気に触れて白濁し、独特の乳白色を生み出しています。白濁する硫黄泉は強酸性であることが多いですが、白骨温泉は中性なので肌触りがマイルド。敏感肌の人でも安心です。もたらす運気は主に金運。金毒を浄化し、人生を楽しくしてくれる効果もあります。

さらに、時間に余裕があれば、パワースポットである上高地にも立ち寄って。温泉の気が上高地の気の吸収率を高めてくれますよ。

奥穂高岳（▲3190m）と乗鞍岳（▲3026m）、さらに上高地からも気を受けているため、土地自体のパワーが非常に強い。温泉そのものもパワフルで成分が濃く、浸透率がいい。時間をかけてゆっくり入浴することが運気アップのポイント。白骨温泉の気を吸収してから上高地を訪れると、上高地での気の吸収率がアップするので、時間があれば足を延ばして。

ONSEN DATA

しらほねおんせん

泉質

硫黄泉

効能

疲労回復、美肌、
婦人病、神経痛、肝臓病、
胃腸病　ほか

お問い合わせ

白骨温泉観光案内所
電話●0263-93-3251
http://www.shirahone.org

アクセス

松本市安曇

松本電鉄新島々駅から
バスで約70分

長野自動車道
松本ICから約40km

＊写真協力：長野県観光機構

1.乗鞍岳　2.時とともに白濁する硫黄泉

Onsen Power spots No. 28

長野県

湯田中渋温泉郷

YUDANAKASHIBU ONSENKYO

レトロな雰囲気の歴史ある温泉郷。外湯めぐりで泉質の違いを体感

長野県東北部にある山ノ内町は、県内で最も豊かな温泉エリア。その代表格が、地獄谷、上林、渋、安代、角間、穂波、星川、湯田中、新湯田中の9温泉地が連なる湯田中渋温泉郷です。

なかでも、温泉郷の玄関口にある湯田中温泉は、およそ1350年前に発見されたと伝えられる歴史ある温泉街。小林一茶ゆかりの温泉としても知られています。

また、温泉郷のなかで最大の湯量を誇っているのが、横湯川沿いにある渋温泉。石畳が敷かれた温泉街には、9つの外湯をはじめ、自家源泉を備えた宿が並びます。宿および外湯の温泉はすべて

湯田中温泉 大湯

ONSEN DATA

ゆだなかしぶおんせんきょう

泉質

単純温泉、塩化物泉
(湯田中&渋温泉)
硫黄泉(湯田中温泉)

効能

疲労回復、皮膚病、火傷、創傷、運動機能障害、痔、打ち身、捻挫、五十肩、筋肉痛、関節痛、冷え性、婦人病、神経痛、痔、病後回復、虚弱体質、健康増進　ほか

お問い合わせ

信州湯田中温泉観光協会
電話●0269-33-1107
https://www.yudanaka-onsen.info

アクセス

下高井郡山ノ内町平穏

長野電鉄湯田中駅からバスで約7〜15分

上信越自動車道
信州中野ICから約20分

1.湯田中渋温泉郷の角間温泉　**2.**地獄谷野猿公苑　**3.**渋温泉三番湯

源泉掛け流し。主な泉質はナトリウムやカルシウムを含む硫酸塩泉、塩化物泉で、運を浄化し、修復してくれる力があります。さらに、源泉によっては硫黄や鉄分が含まれているところも。硫黄は金運を豊かにし、鉄分は生命力を高めて火毒を浄化してくれる作用があります。

渋温泉、湯田中温泉は湯めぐりができるのも楽しみのひとつ。ただし、渋温泉の外湯は、宿に宿泊した人しか利用できないシステムになっているので注意してください。

志賀高原の玄関口にある湯田中渋温泉郷には、岩菅山（▲2295m）、横手山（▲2305m）をはじめとする周囲の山々の気が凝縮されて流れてきており、その気が温泉にも溶け込んでいる。泉質は源泉によって異なるが、ナトリウムや塩化物成分が多く含まれ、湯温は高め。泉源のひとつ、地獄谷噴泉のそばにある地獄谷野猿公苑では温泉に浸かるニホンザルの姿も。

＊写真協力：長野県観光機構

Onsen Power spots No. 29

岐阜県

奥飛騨温泉郷

OKUHIDA ONSENGO

北アルプスの雄大な山並みがパワーの源。露天風呂でゆったりと運気を吸収して

北アルプスの麓、上高地の裏側に位置する奥飛騨温泉郷。平湯、福地、新平湯、栃尾、新穂高の5つの温泉エリアから成り、全国第3位の膨大な湧出量を誇る大温泉郷です。

奥飛騨温泉郷の魅力は、なんといってもそのロケーション。雄大な山並みを眺めながらゆったりと露天風呂に浸かり、山々から流れてくるパワーをダイレクトに受けられるのは、この温泉ならではのメリットです。また、奥飛騨温泉郷は、パワースポットである上高地の気が飛騨高山に向かっていくライン上に位置しているため、そのパワーも受け取ることができますよ。

平湯温泉

金運 / 恋愛運 / 人間関係運 / 仕事運 / 健康運 / 浄化 / 修復・回復 / 女性らしさup 美肌・ / 成長・発展 / 生命力 活性化・up

ONSEN DATA

おくひだおんせんごう

泉質

単純温泉、塩化物泉、炭酸水素泉、硫黄泉

効能

運動機能障害、打ち身、捻挫、五十肩、筋肉痛、痔、関節痛、冷え性、神経痛、皮膚病、婦人病、リウマチ、神経痛、胃腸病、糖尿病

お問い合わせ

奥飛騨温泉郷観光協会
電話●0578-89-2458
https://www.okuhida.or.jp

アクセス

高山市

JR高山本線高山駅からバスで約55～100分

長野自動車道松本ICから約40～55km

中部縦貫自動車道高山ICから約30～45km

＊写真協力:奥飛騨温泉郷観光協会

1.上高地と穂高岳　2.秋の平湯温泉　3.新穂高温泉

泉質は、単純温泉、炭酸水素塩泉、塩化物泉、硫黄泉の4種類ですが、源泉の数が100以上ある広大な温泉郷なので、成分は宿や施設によって異なります。また、温泉地によってリゾートタイプの宿が多い、落ち着いた雰囲気の旅館が多いなどの特徴があるので、自分好みの宿やお湯を探してみてください。おすすめは、福地温泉などで多く見られる、古民家を移築して作られた宿。伝統や歴史が感じられるような空間で過ごすことで、運気の吸収率がより高まります。

槍ヶ岳（▲3180m）、奥穂高岳（▲3190m）といった3000メートル級の山々が眼前に迫り、山からの強い生気が感じられる。また、強力なパワースポットである上高地から飛騨高山へと流れる気のライン上にあるため、上高地のもつパワーにも触れることができる。ここでは歴史や伝統を感じさせるような宿に泊まると、運気の吸収率がよりアップする。

新潟県

赤倉温泉
AKAKURA ONSEN

Onsen Power spots No.30

妙高山の地獄谷から
湧き出す温泉は効能豊か。
戸隠神社とセットで訪れて

　1816（文化13）年、当時の高田藩主榊原政令の命により、藩の事業として開湯された赤倉温泉。妙高山の地獄谷に湧く源泉を麓まで引湯し、温泉場が開かれました。現在でもそこから湧き続けている温泉には、妙高山の生気が凝縮され、溶け込んでいます。また、効能成分も多く含まれているため、とてもパワフル。源泉の温度は50℃以上と熱めですが、麓までの距離と勾配によって温度が下がり、各施設の浴槽に満たすころには、ちょうど入浴に適した42℃前後になるといいます。

　赤倉温泉のお湯は、硫酸塩泉と炭酸水素塩泉、両方の成分を併せもっているのが特徴。そのため、

金運 / 恋愛運 / 人間関係運 / 仕事運 / 健康運 / 浄化 / 修復・回復 / 美肌・女性らしさUP / 成長・発展 / 活性化・生命力UP

赤倉温泉 滝の湯

ここの温泉に入ると、炭酸水素塩泉のもつベースを強化して「土」の毒を解消する運気と、硫酸塩泉のもつ浄化と回復の運気の両方が得られます。

ただ、赤倉温泉はスキーや登山をする人向けの宿が多く、観光地としての見どころが少ないのが難点です。日帰りで温泉のみ入るのもひとつの手ですし、そうでなければ戸隠神社とセットで訪れるのもおすすめ。温泉のパワーを吸収してから神社に参拝すると、戸隠神社の気が体に浸透しやすくなりますよ。

妙高山（▲2454m）の地獄谷が源泉なので、温泉には妙高山の生気が凝縮されているうえ、戸隠山（▲1904m）など、周囲の山々から流れ込んだ気も溶け込んでいる。源泉から温泉地まではやや距離があるが、効能成分も多く含まれており、パワフルな温泉といえる。観光地としての見どころは少ないので、戸隠神社とセットで訪れるのがおすすめ。

ONSEN DATA

あかくらおんせん

泉質

炭酸水素塩泉、硫酸塩泉

効能

神経痛、筋肉痛、関節痛、五十肩、打ち身　ほか

お問い合わせ

赤倉温泉観光協会
電話●0255-87-2165
http://www.akakura.gr.jp

アクセス

妙高市赤倉

しなの鉄道
妙高高原駅から
バスで約25分

上信越自動車道
妙高高原ICから
約5キロ

＊写真協力:妙高市観光協会

1.いもり池と妙高山　**2.**ホテル太閤の露天風呂

新潟県

月岡温泉

TSUKIOKA ONSEN

硫黄含有量の高い「美人の湯」。ゆったりと浸かり、町歩きを楽しんで

国内でもトップクラスの硫黄含有量を誇り、また「美人の湯」としても知られる温泉です。

硫黄泉といえば白濁したお湯が思い浮かびますが、月岡温泉のお湯はきれいなエメラルドグリーン。実は、硫黄泉には2種類あり、白くなるのは硫化水素型。月岡温泉は硫黄型で、しかも成分量が多いため、空気に触れるとグリーンがかった色になるのです。このように浴槽の中で色が変化するお湯は、いろいろな運気を吸収しやすく、また、よい変化を呼び込んでくれる効果があります。

また、弱アルカリ性で硫黄成分や塩化物成分を豊富に含んでいるため、肌の老廃物を落として肌を艶やかにし、また保湿効果にも優れていると

温泉街

ONSEN DATE

つきおかおんせん

泉質

硫黄泉

効能

皮膚病、婦人病、リウマチ、神経痛、高血圧、糖尿病、肝臓病、胃腸病、痔

お問い合わせ

月岡温泉観光協会

電話●0254-32-3151

http://www.tsukiokaonsen.gr.jp

アクセス

新発田市

JR羽越本線月岡駅からバスで約10分

磐越自動車道安田ICから約20分

＊写真協力:月岡温泉郷観光協会

1.エメラルド色の硫黄泉　**2.**色とりどりの行灯が並ぶ、月あかりの庭

いわれています。

この温泉での開運ポイントは、町歩き。月岡温泉は温泉街が充実していて、ショッピングやカフェ、足湯などの立ち寄りスポットがたくさんあるので、温泉に浸かった後は、町をぶらぶら歩いて楽しんで。「歩く」ことで運気がより定着しやすくなります。

なお、慌ただしく行動すると温泉の成分が浸透しにくくなるので、滞在中はせかせかせず、ゆったりと過ごしましょう。

月岡温泉は五頭山（▲913m）のもつ山の気をそのまま受け取る場所にあり、「定着」の気が強いのが特徴。また、温泉を中心にした町づくりがされているので、町歩きが楽しめるのも開運ポイント。「歩く」ことで「土」の気が強まり、温泉の成分がより定着しやすくなる。温泉街にある「源泉の杜」では飲泉もできるので、ぜひチャレンジを。

Onsen Power spots No. 32

石川県

山中温泉 山代温泉

YAMANAKA ONSEN
YAMASHIRO ONSEN

共同浴場を中心に発展した湯の街。近いのではしごするのもおすすめ

山中温泉と山代温泉は、ともに奈良時代の僧・行基が発見したと伝えられる加賀の名湯です。

山中温泉は古来、共同湯であった「惣（総）湯」を中心に発展してきました。2002（平成14）年にリニューアルされた総湯は、松尾芭蕉の句にちなんで「菊の湯」と呼ばれ、山中漆器の技法を結集した格調高い造りが特徴。山中節の歌や芸妓の踊りなどが鑑賞できる「山中座」も併設され、山中観光の拠点にもなっています。

一方の山代温泉も、一時は大型ホテルが立ち並ぶ歓楽温泉地で知られていましたが、近年「湯の曲輪（ゆのがわ）」と呼ばれる温泉街をリニューア

山中温泉 菊の湯

金運 恋愛運 人間関係運 仕事運 健康運 浄化 修復・回復 女性らしさup 美肌・ 成長・発展 生命力up 活性化・

ルし、情緒ある温泉地として蘇りました。現在は、温泉街の中央広場に市民向けの共同湯「総湯」と、明治時代の総湯を復元した「古総湯」が並び立ち、その周囲に飲食店や九谷焼を扱うショップなどが軒を連ねます。

両温泉の主な泉質はカルシウムやナトリウムを含む硫酸塩泉。浄化や運の修復に効果的な温泉です。どちらも温泉街に公共の飲泉スペースがあるので、ぜひ立ち寄って飲泉を。お湯に浸かる前にひと口でも飲んでおくと、温泉成分の吸収率がアップしますよ。

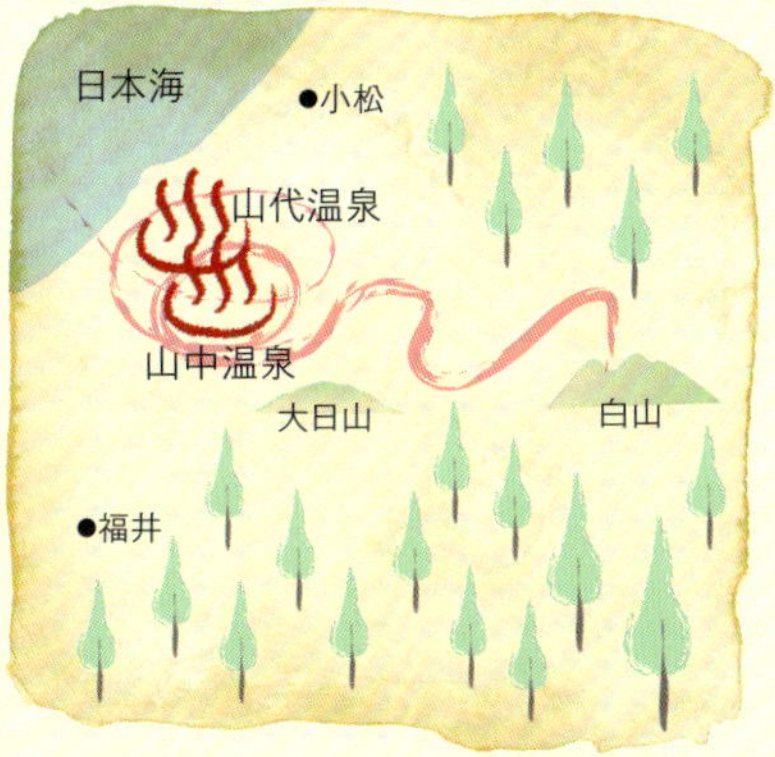

石川県と岐阜県の県境にある白山（▲2702m）から日本海に向かって流れてくる気のライン上にあるのが、山中、山代の両温泉を含む加賀温泉郷。どちらも土地のもつパワーは同じで、温泉の泉質もよく似ている。片方の温泉をじっくり味わうのもいいが、片方に宿泊し、もう片方に日帰りで立ち寄るスタイルではしごするのもおすすめ。

ONSEN DATA

やましろおんせん

泉質

硫酸塩泉

効能

婦人病、リウマチ、神経痛、胃腸病　他

お問い合わせ

山代温泉観光協会
電話●0761-77-1144
http://www.yamashiro-spa.or.jp

アクセス

加賀市山代温泉

JR北陸本線
加賀温泉駅から
車で約10分

北陸自動車道
加賀ICから約15分

ONSEN DATA

やまなかおんせん

泉質

硫酸塩泉

効能

創傷、リウマチ、神経痛、胃腸病

お問い合わせ

山中温泉観光協会
電話●0761-78-0330
http://www.yamanaka-spa.or.jp

アクセス

加賀市山中温泉河鹿町

JR北陸本線
加賀温泉駅から
バスで約30分

北陸自動車道
小松ICから約25分

＊写真協力：山中温泉旅館協同組合
石川県観光連盟

1

2

1.山代温泉 古総湯　**2.**山中温泉 川床

南米・オセアニア

メキシコ

日本と同じ環太平洋火山帯に属しており、温泉も多い。アメリカとの国境に近いテカテには長期滞在型のスパ施設がある。また、トラントンゴは滝や洞窟など自然の中で温泉を楽しめる人気スポット。

◎おすすめの温泉
●テカテ
●トラントンゴ洞窟温泉

ペルー

インカ帝国時代から温泉に入る習慣があり、数こそ少ないものの、人々の間には温泉文化が根付いている。遺跡で有名なマチュピチュ村にあるアグアス・カリエンテスのほか、インカ皇帝が入浴していたという温泉も。

◎おすすめの温泉
●アグアス・カリエンテス　●バーニョス・デル・インカ

ニュージーランド・ロトレア

ニュージーランド

火山地帯にあるニュージーランドは温泉大国。各地に温泉が湧いているが、人里離れた場所が多い。北島のロトルアは行きやすく、設備も充実。ただし硫黄臭がかなり強い。テカポ湖、タウポ湖の温泉もおすすめ。

◎おすすめの温泉
●ロトルア　●テカポ・スプリングス
●タウポ・デブレッツ・スパ・リゾート

オーストラリア

温泉の数はあまりないが、モーニントン半島のペニンシュラ・ホットスプリングスは、天然温泉を使った総合温泉施設として人気。ヘプバーン・スプリングスにも天然鉱泉を利用したスパ施設がある。

◎おすすめの温泉
●ペニンシュラ・ホット スプリングス
●ヘプバーン　バスハウス ＆スパ

Chapter

6 近畿地方

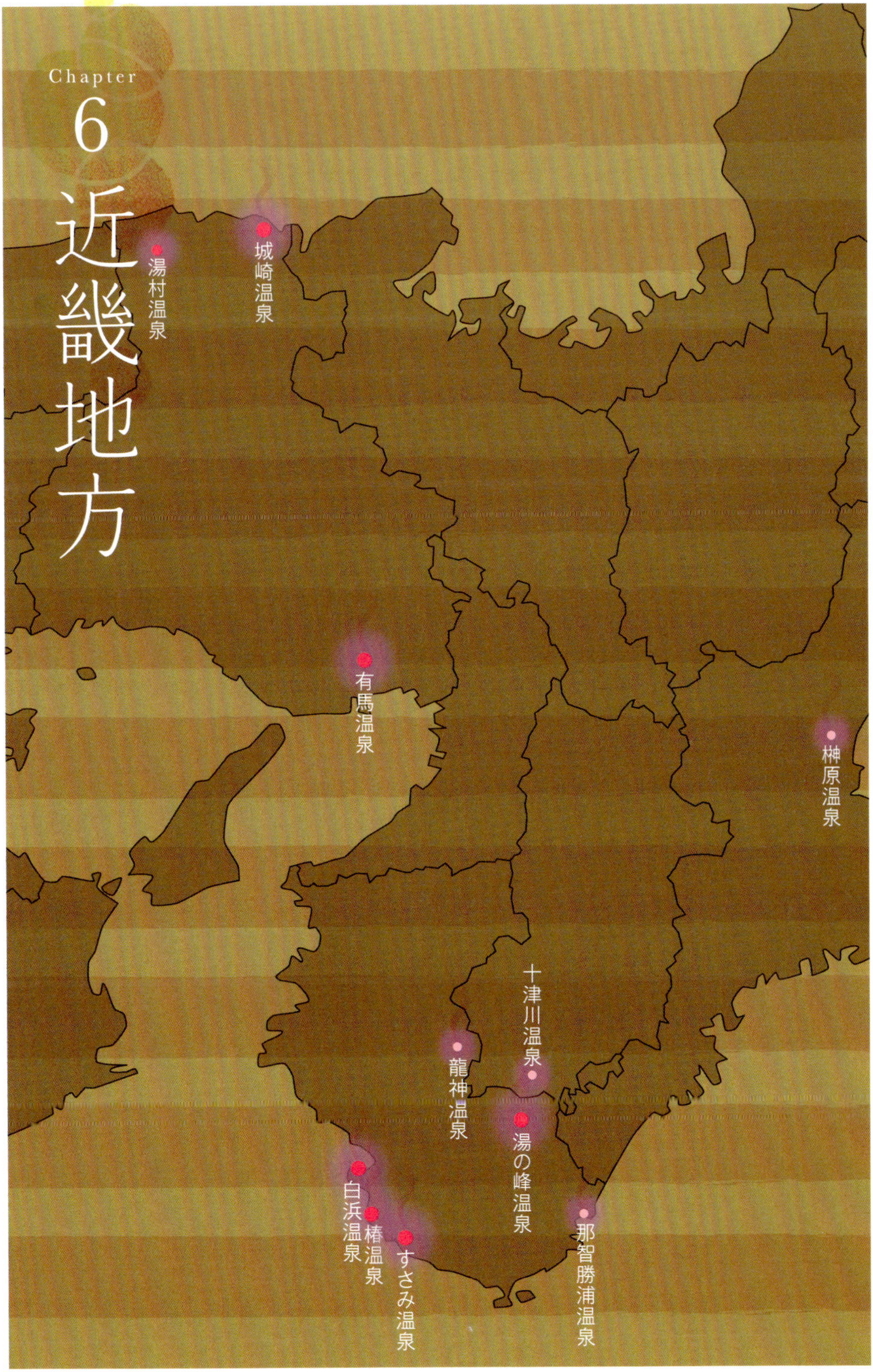

Onsen Power spots No. 33

和歌山県

白浜温泉

SHIRAHAMA ONSEN

眼前に白砂の海岸が広がる温泉リゾート。浄化力の高いお湯で悪運をクリアに

道後温泉、有馬温泉と並んで日本三古湯に数えられる歴史ある温泉地。日本書紀にも「牟婁の湯」の名で登場しています。「牟婁」は「室」と同じ意味で、入り江や洞窟のような奥まった場所を指す言葉。「牟婁の湯」は、波に浸食された岩の凹みに温泉が湧き出たもので、現在でも公共露天風呂「崎の湯」に、岩の間から温泉が噴き出す天然の湯壺が残っています。

ロケーションのよさも白浜温泉の特徴。温泉街のすぐそばには白く輝く白良浜が広がり、まるで海外のリゾート地のよう。パンダで有名なアドベンチャーワールドなど、温泉以外の見どころも多く、

共同浴場 露天風呂しらすな

気は北で生じ、南に向かって流れていくというのが風水の法則。また、進行方向に湾があると気はそちらに向かっていく性質があるため、湾の手前には気がたまりやすい。このエリアでは、関西方面から紀伊半島へと流れてきた気が田辺湾の周辺にたまり、白浜温泉、椿温泉など、周囲の温泉にその気が溶け込んでいると考えられる。

1.白浜　2.共同浴場 白良湯

家族連れでも楽しめる観光温泉地です。

主な泉質は塩化物泉。悪運を浄化し、しがらみを断ち切ってくれる効果があります。白浜は海辺にある温泉なので、とりわけ「火」の気が強力。自分の中にある悪いものをすべて滅してくれますから、今の環境をリセットして一からやり直したい人におすすめです。

白浜温泉は源泉の数が多いため、塩化物泉以外に、炭酸水素塩泉や硫黄泉の源泉をひいている宿もあります。温泉のはしごをするなら、最初に塩化物泉に入り、悪いものをクリアにしてから炭酸水素塩泉や硫黄泉に入るのがおすすめですよ。なお、白浜から南に8キロほど進むと椿温泉があり、こちらは硫黄泉。時間に余裕があればぜひ入り比べてみてください。

ONSEN DATA

しらはまおんせん

泉質

塩化物泉

効能

火傷、創傷、リウマチ、胃腸病、運動機能障害、更年期障害、婦人病

お問い合わせ

白浜観光協会
電話●0739-43-5511
http://www.nanki-shirahama.com/onsen/

アクセス

西牟婁郡白浜町

JR白浜駅からバスで約10～15分

湯浅御坊道路 御坊ICから約50km

＊写真協力:和歌山県観光連盟

和歌山県 湯の峰温泉

YUNOMINE ONSEN

Onsen Power spots No. 34

金運／恋愛運　人間関係運　仕事運　健康運

浄化　修復・回復　美肌・女性らしさUP　成長・発展　活性化・生命力UP

名物は日本最古の共同浴場「つぼ湯」。
熊野本宮大社に参詣してから入浴を

4世紀ごろに熊野の国造、大阿刀足尼によって発見されたとされる古湯。古来、人々が熊野本宮大社に参詣する際に「湯垢離」を行ない、身を清めたのが、この湯の峰温泉でした。

熊野本宮大社は、1889（明治22）年に大洪水に見舞われたため、上四社を現在の場所へと移転。それに伴い、熊野本宮に集まっていた気も移動したのですが、湯の峰温泉は、ちょうどその移動ライン上に位置します。そのため、この温泉に入ることで、熊野本宮大社に集まる気の恩恵を受けることができるのです。

湯の谷川の河床から湧き出す温泉は、高温の硫黄泉。なかでも、熊野本宮大社への参詣道の

温泉街

一部として世界遺産に認定された「つぼ湯」は、一日に7回、湯の色が変わることから「七色の湯」と呼ばれる名湯です。宿の数が少ないため、日帰りで立ち寄る人も多いのですが、このつぼ湯だけはぜひ入浴を。自噴泉ならではの強力なパワーで金毒を浄化し、運の土壌によい変化を与えてくれます。

なお、開運目的なら、熊野本宮大社にお参りしてから温泉に浸かるのがベストプラン。参詣後に温泉に入ることで、熊野本宮大社で吸収した気が自分の中にしっかり定着します。

熊野三山のひとつ、熊野本宮大社の気を受けている温泉。熊野本宮大社にお参りし、パワーを吸収した後で温泉に浸かると、気の定着率がグンとアップする。温泉の質は高いが、温泉地としては小規模で宿の数も少ないので、日帰りで立ち寄るだけでもOK。川沿いの湯筒では自分で温泉卵を作ることもできるので、ぜひやってみて。

ONSEN DATA

ゆのみねおんせん

泉質

硫黄泉

効能

皮膚病、婦人病、
リウマチ、神経痛　ほか

お問い合わせ

熊野本宮観光協会
電話●0735-42-0735
http://www.hongu.jp/stay/s-yunomine/

アクセス

田辺市本宮町湯峯

JR紀伊田辺駅から
バスで約100分

湯浅御坊道路
御坊ICから約80km

1.熊野本宮大社　**2.**世界遺産のつぼ湯　**3.**つぼ湯は自噴泉

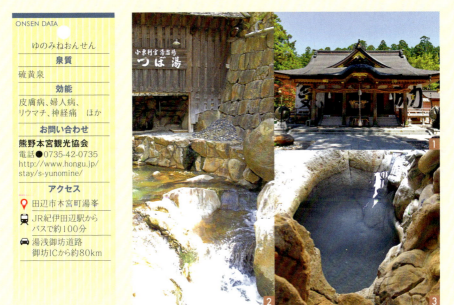

Onsen Power spots No. 35

兵庫県

有馬温泉

ARIMA ONSEN

赤茶色の「金泉」は強力な浄化の湯。銀泉とはしごすればパーフェクト!

日本最古の温泉として知られる有馬温泉。日本書紀には、飛鳥時代の631(舒明3)年、舒明天皇が湯治に訪れたという記述があり、その後も長きにわたって、天皇や朝廷貴族、文人たちがこぞって湯治に訪れました。

有馬温泉の温泉は「金泉」と「銀泉」がありま す。金泉は海水の2倍の塩分を含む含鉄泉で、空気に触れると酸化して赤錆色になるのが特徴。浄化作用のある鉄分と塩分を両方含んでいるため、トラブルや浪費癖などを解消し、お金に関する悪い気もクリアにしてくれます。

銀泉は無色透明の放射能泉と二酸化炭素泉。

温泉街

金運
恋愛運
人間関係運
仕事運
健康運
浄化
修復・回復
女性らしさ 美肌・up
成長・発展
生命力 活性化・up

周囲に霊山や龍脈がないので、土地そのものに風水的なパワーはないが、温泉は成分が濃く、効き目が強い。有馬温泉といえば赤茶色の金泉が有名だが、金泉、銀泉の両方に入浴することで浄化が完成するので、日帰りでもぜひ2種類の湯をはしごして。「炭酸泉源公園」で銀泉の源泉を飲んでから入浴すると、さらに浄化の力がアップ。

1.金の湯　**2.**銀の湯　**3.**茶褐色の湯がたまる足湯

放射能泉は強い「火」の気でこれから進む道を明るく照らしてくれるとともに、運気を活性化させてくれます。また、二酸化炭素泉は「木」の毒を浄化してくれる働きがあり、失ったやる気を取り戻させ、活性化させてくれる力があります。

働きが違うこのふたつの湯は、両方入ることによってどちらも効力が高まるので、片方だけしか入らないのはもったいないこと。せっかく訪れるなら、ぜひ金泉、銀泉をはしごしてみてください。宿に金泉しかない場合は、公共浴場の「銀の湯」でいつでも銀泉に入ることができます。また、「銀の湯」の近くにある「炭酸泉源公園」では銀泉の飲用もできるので、ひと口飲んでから入浴するのも◎。

ONSEN DATA

ありまおんせん

泉質

単純温泉、塩化物泉、二酸化炭素泉、硫酸塩泉、含鉄泉、放射能泉

効能

皮膚病、婦人病、不妊症、神経痛、胃腸病

お問い合わせ

有馬温泉観光案内所
電話●078-904-0708
http://www.arima-onsen.com

アクセス

神戸市北区有馬町

神戸電鉄
有馬温泉駅から

中国自動車道
西宮北ICから約5km

Onsen Power spots No.36

兵庫県

城崎温泉

KINOSAKI ONSEN

外湯めぐりが開運のカギ。風情ある温泉街を散策するのも◎

有馬温泉（118ページ）と並んで兵庫県を代表する温泉地。その歴史は古く、およそ1400年前、コウノトリが湯に浸かり、傷を癒やしていたのを農夫が見かけたことから温泉が発見されたという伝説が残っています。

泉質は無色透明の塩化物泉。さっぱりとした肌触りで、日常生活でたまった悪い気を清浄化してくれる作用があります。

城崎温泉では「温泉は外で入るもの」という意識が強く、宿に内湯が引かれたのは戦後になってから。現在も「外湯」と呼ばれる公共浴場が多いのは、その名残です。現在は温泉を引いている宿も

川の両側に温泉街がある

多いですが、せっかく城崎を訪れるのなら、ぜひ外湯めぐりを楽しんでください。現在、温泉街に残る外湯は7つ。集中管理された温泉を配湯しているため、泉質は共通ですが、場所が変わることで「変化」の気が生じ、吸収率がアップします。

さらに、温泉街の風情やレトロな雰囲気を楽しむのも、城崎での開運行動。木造の宿や公共浴場が軒を連ねる温泉街を浴衣姿で歩き、食べ歩きやショッピングを楽しめば、「定着」の気がさらに強まりますよ。

大谿川沿いに木造の風情ある建物が並ぶ温泉街は、ぬくもりあふれる雰囲気。外湯めぐりを楽しみながら、いかにも温泉街らしいその風情をじっくり味わいたい。また、城崎温泉を訪れるなら、松葉ガニ漁が解禁される11月初めから3月までがベストシーズン。その土地で獲れたものを味わうことで、温泉成分がより定着しやすくなる。

ONSEN DATA

きのさきおんせん

泉質

塩化物泉

効能

湿疹、創傷、婦人病、運動機能障害、リウマチ、高血圧、腎臓病　ほか

お問い合わせ

城崎温泉観光協会
電話●0796-32-3663
http://www.kinosaki-spa.gr.jp

アクセス

豊岡市城崎町湯島

JR城崎温泉駅から

播但連絡道路
和田山ICから約40km

＊写真協力：豊岡市

1.名物のカニ料理　2.御所の湯　3.木造3階建ての旅館が多い

中東・ヨーロッパ①

トルコ・パムッカレ

イタリア

火山国のイタリアは温泉も多い。古代ローマ時代から温泉地の整備が進められ、今も各地に設備の整った温泉(テルメ)がたくさんある。源泉温度が日本より低いため、屋外の温泉を楽しむなら春～秋がベストシーズン。

◎おすすめの温泉
●アーバノ・テルメ　●イスキア島
●グロッタ・ジュスティ・テルメ

トルコ

トルコは温泉大国で、特に西部のアナトリア地方にはおよそ100カ所ある。特に古都ブルサは温泉保養地として名高い。市内にあるメフメト1世の霊廟、イェシル・テュルベも強力なパワースポット。

◎おすすめの温泉
●ブルサ　●イズミール　●パムッカレ

ギリシャ

全国に750カ所以上も温泉(鉱泉を含む)が湧いているが、整備された温泉地は少ない。エディプソスは古代から知られた温泉療養地で、海岸に自然に湧き出ている温泉があるほか、さまざまなセラピーを受けられるホテルも。

◎おすすめの温泉
●エディプソス

ヨルダン

死海の近くにあるハママート・マインは、大きな滝から流れ出る珍しい温泉。泉質は硫黄泉で滝から流れ出る温度は42度ほど。周囲にはスパリゾートブランドの高級ホテルもあるので宿泊してのんびり過ごすのも◎。

◎おすすめの温泉
●ハママート・マイン

Chapter 7

中国・四国地方

鳥取県

三朝温泉
MISASA ONSEN

Onsen Power spots No.37

世界屈指の高濃度ラドン泉。
清浄、清潔な環境での入浴を心がけて

　三徳山の麓、三徳川に沿って風情ある宿が並ぶ山陰屈指の温泉地。源義朝の家来であった大久保左馬之祐という侍が三徳山に詣でた際に白い狼を助け、その狼に古木の根元から温泉が湧くことを教えられたことが温泉の発見につながったと伝えられています。

　泉質は放射能泉で、ラドンの含有量は世界でもトップクラス。ラドンは放射性物質であるラジウムが分解されてできる気体で、体に取り込むことで免疫力や自然治癒力を高める効果があるとして、近年注目が高まっています。

　風水的にはラドンは強い「火」の気をもつ物質。浄化や生命力アップのほか、埋もれていた才能を

金運　恋愛運　人間関係運　仕事運　健康運　浄化　修復・回復　美肌・女性らしさup　成長・発展　活性化・生命力up

旅館大橋 巌窟の湯

圧倒的なパワーをもつ霊山、大山（▲1729m）から流れてくる生気が多少感じられるものの、土地自体のもつ気はさほど強くない。とはいえ、自然湧出泉の多い温泉は非常にパワフル。白噴泉をもつ宿が多いのも◎。湯治型の宿が多い一方で、日帰り入浴ができる宿も多数ある。公衆浴場は3カ所。源泉に近く、足湯や飲泉所も併設の「株湯」がおすすめ。

1.温泉街　**2.**飲泉できる宿もある

目覚めさせてくれる力もあります。

ただし、ラドンは不浄な環境では強い「陰」の気を発し、悪いものを呼び寄せてしまう特徴があります。三朝温泉はラドンの含有量が多いだけに、陰の気がこもった場所、不浄な場所で入浴しないようにくれぐれも注意して。宿を選ぶときも、お風呂や部屋が清浄かつ、きれいなところを選ぶように心がけましょう。

また、ラドンは温度が高いと放散しやすいので、できるだけその場から湧き出している自噴泉か、源泉に近い宿を選ぶことが大切。飲泉所で飲泉してから入るとより効果的です。放散したラドンを吸引しながら体を温められるサウナやオンドル室を設けている宿もあるので、そちらもぜひトライしてみてください。

ONSEN DATA

みささおんせん

泉質

放射能泉

効能

神経痛、糖尿病、胃腸病、リウマチ、肩こり、腰痛、高血圧、痛風、冷え性、婦人病、アトピー、皮膚病、美肌、疲労回復　ほか

お問い合わせ

三朝温泉観光協会
電話●0858-43-0431
https://www.tottori-guide.jp/tourism/tour/view/176

アクセス

東伯郡三朝町三朝

JR倉吉駅からバスで約25分

中国自動車道院庄ICから約60km

鳥取県

皆生温泉
KAIKE ONSEN

海底から湧き出す「塩の湯」は
運の浄化＆再生を促し、
美肌にも効果大

圧倒的なパワーを誇る山陰随一の霊山、大山を背にし、弓ヶ浜の美しい海岸に沿って広がる温泉。温泉の発見は1900（明治33）年と歴史は浅いものの、「日本の白砂青松100選」「日本の渚百選」などに選ばれたほどの美しい景観に加え、海水浴と温泉が同時に楽しめる温泉地として人気です。

19カ所の源泉から湧き出す温泉は、最高温度83度の高温泉。泉質はナトリウム・カルシウム-塩化物泉で、美保湾の海底から湧く温泉だけあって塩分濃度が高く、新陳代謝を活発にし、湯冷めしにくいといわれています。また、海水の成分を多く

金運　恋愛運　人間関係運　仕事運　健康運　浄化　修復・回復　美肌・女性らしさup　成長・発展　活性化・生命力up

高温の塩化物泉

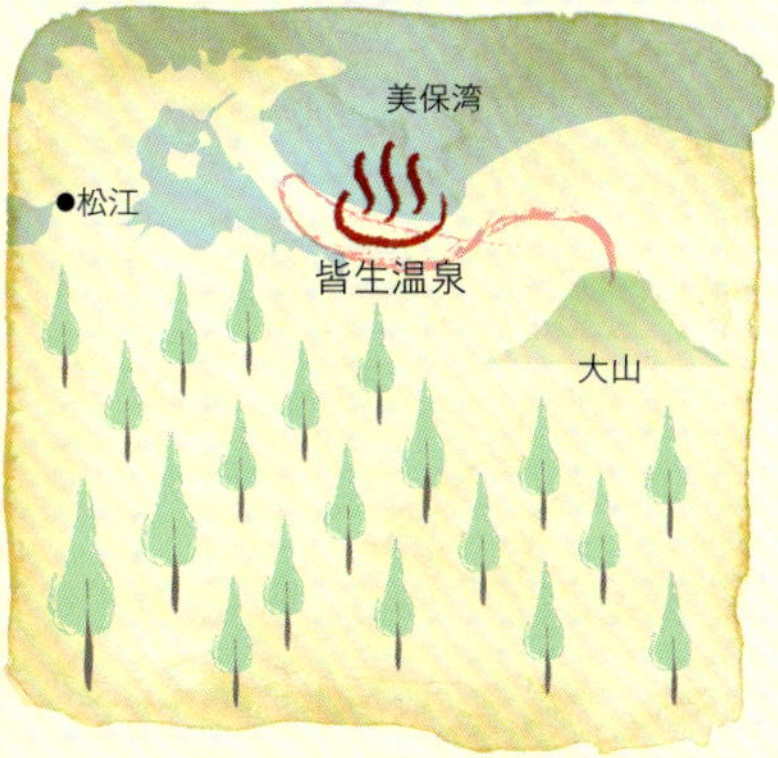

皆生温泉のパワーの源は、富士山に匹敵するほどのパワーをもつ霊山、大山（▲1729m）。大山から下ってきた生気は米子方面へと向かい、美保湾の手前でいったん止まってUターンする。皆生温泉のある弓ヶ浜周辺はそのUターンライン上にある。大山は圧倒的なカリスマ性と浄化力を与えてくれる山なので、ゆっくり浸かって悪運リセットを。

皆生温泉前のビーチから望む大山

含んでいる皆生の温泉は、肌を引き締め、美しくする効果があるとして、「元祖タラソテラピー」の異名も。さらに、弓ヶ浜周辺は大山からの生気の通り道になっているため、温泉に入ることで大山のパワーを受けることができます。

ここでの開運キーワードは「海」。温泉街の目の前に広がる海を眺めながら温泉に浸かることで、悪い運気がすべてリセットされ、再生に向かうパワーが得られます。さらに、海の「火」の気によって、温泉に溶け込んだ大山のパワーも活性化。物事がうまくいかずに悩んでいる人、環境を変えてやり直したい人は、ぜひこの温泉で再生の運気を手に入れてください。

ONSEN DATA

かいけおんせん

泉質

塩化物泉

効能

皮膚病、婦人病、リウマチ、神経痛、胃腸病

お問い合わせ

皆生温泉旅館組合
電話●0859-34-2888
http://www.kaike-onsen.com/new/JP/

アクセス

米子市皆生温泉3丁目

JR米子駅からバスで約20分

米子自動車道米子ICから約6km

＊写真協力：鳥取県撮れたて写真館

Onsen Power spots No.39

島根県

玉造温泉

TAMATSUKURI ONSEN

『枕草子』でも絶賛された「美肌の湯」。豊かな気を吸収して運をスムーズに

奈良時代に編纂された『出雲国風土記』に「一度入浴すれば肌が若返って容姿が端正になり、二度入浴すればどんな病もたちまち治癒する。人々はこの湯を〝神の湯〟と呼んでいる」と記された、山陰地方では最古の温泉。平安時代には『枕草子』にも名前が登場するほど、都でも名の知れた温泉でした。

玉造温泉があるのは、宍道湖に注ぐ玉湯川の両岸。島根県には、出雲大社、八重垣神社、熊野大社など多くのパワースポットがありますが、それらのパワースポットに流れている気と共通の気がこのエリアにも広がっていて、土地の気を豊かなものにしています。また、玉造温泉はめのうの産

桜咲く川の両側に温泉街が広がる

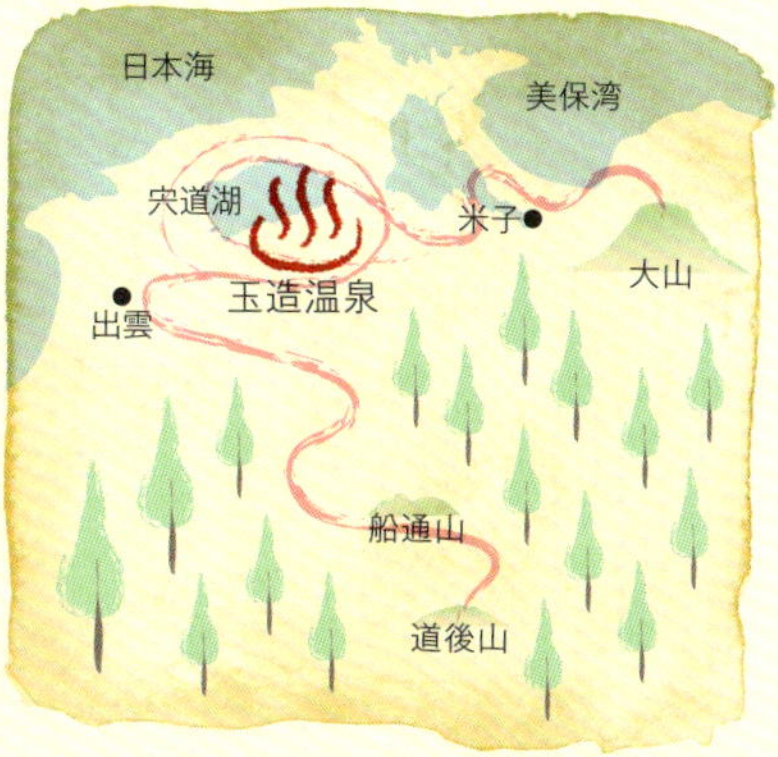

宍道湖の周辺は、周囲の山々から流れてきた生気がぐるぐると循環しており、広範囲にわたって、よい気が広がっている。そのエリア内に位置する玉造温泉も、土地の気がとても豊か。さらにめのうの産地であることから、鉱物の豊かな気も溶け込んでいる。また「水」の気と「風」の気が循環しているため、出逢いや恋愛の運気がほしい人とは好相性。

1

2

1.温泉街　**2.**飲泉場

地でもありますが、めのうを産出する土地は鉱物の発する生気を受けているため、土地の気が豊か。そこに湧く温泉も通常の温泉より強いパワーがあります。

泉質は、弱アルカリ性のナトリウム・カルシウム・硫酸塩・塩化物泉（硫酸塩泉）。強い浄化作用があり、運や心の中にある滞りを流し、運気の流れをスムーズにしてくれます。

また、『出雲国風土記』の記述にもあるように、玉造温泉のお湯には、肌の古い角質を取り除き、うるおいを与える成分に加え、天然の美肌成分といわれるメタケイ酸も多く含まれており、美肌効果は抜群。現地で売られているボトルに温泉水を入れて持ち帰り、化粧水として使うのもおすすめですよ。

ONSEN DATA

たまつくりおんせん

泉質

硫酸塩泉

効能

婦人病、リウマチ、胃腸病

お問い合わせ

玉造温泉旅館協同組合
電話●0852-62-0634
http://tamayado.com

アクセス

松江市玉湯町玉造

JR玉造温泉駅から
バスで約5分

山陰自動車道
松江玉造ICから
約4km

＊写真協力：島根県観光写真ギャラリー

愛媛県

Onsen Power spots No.40

道後温泉
DOUGO ONSEN

風格ある木造建築の道後温泉本館で石鎚山からの生気を受け取って

日本最古の温泉のひとつとして日本書紀にも登場し、古くは聖徳太子や舒明天皇、中大兄皇子などが訪れたという名湯です。

道後温泉のある松山市は昔から人が集まりやすく、栄えていた場所ですが、それは四国随一の霊山、石鎚山の生気に加え、瀬戸内海からの気も流れ込んでいるため。この土地の気は人を引き付けるパワーが強いので、縁や人間関係に関する運がほしい人が訪れると、よい運気がもらえます。

道後温泉を訪れたら、まずはこの温泉のシンボルである道後温泉本館へ。1894（明治27）年に建てられた、木造三層楼の公衆浴場で、1994

金運 / 恋愛運 / 人間関係運 / 仕事運 / 健康運 / 浄化 / 修復・回復 / 美肌・女性らしさUP / 成長・発展 / 活性化・生命力UP

道後温泉本館 神の湯

圧倒的なパワーをもつ霊山、石鎚山(▲1982m)から流れ込んだ生気がたまっているうえ、瀬戸内海から流れてくる気も受けている場所にあり、人が集まりやすいという特徴をもつ。温泉は浸透率が高く、さっぱりした肌触り。入浴後は、町を散策するほか、パワースポットである松山城にもぜひ足を延ばして。松山城では各門の下で気を体感すると◎。

1.道後温泉本館
2.松山駅と道後温泉を結ぶ坊っちゃん列車

(平成6)年に国の重要文化財に指定されています。

道後温泉本館には「神の湯」「霊の湯」と名付けられた2種類の浴場があり、いずれも源泉掛け流し。泉質はアルカリ性の単純泉で、体に浸透しやすいお湯です。単純泉はどんな運にも効くオールマイティな温泉ですが、ここのお湯はそれに加えて、表面についた悪い気を流したり、即効で運を動かしたりするパワーがあります。

入浴後はお茶やおせんべいを味わいながら、2階、3階の休憩室でくつろぐのがベストですが、建物の保存修理中のため、2019年現在、休憩コースは休止中。とはいえ、「神の湯」での入浴は可能ですし、建物自体も一見の価値がありますから、ぜひ訪れてみてください。

ONSEN DATA

どうごおんせん

泉質

単純温泉

効能

皮膚病、リウマチ、神経痛、痛風、胃腸病、貧血

お問い合わせ

道後温泉事務所
電話●089-921-5141
https://dogo.jp/about

アクセス

松山市道後湯之町

JR予讃線松山駅からバスで約20〜25分

松山自動車道
松山ICから約20分

＊写真協力:愛媛県

Onsen Power spots No. 41

徳島県

祖谷温泉

IYA ONSEN

祖谷渓の自然に抱かれた一軒宿の温泉。渓流を眺め、剣山の生気を吸収して

平家の落人伝説が残る日本三大秘境のひとつ、祖谷渓。四国山脈の主峰、剣山を源流にもつ祖谷川が流れ込む断崖の下で湯けむりを上げているのが、この祖谷温泉です。

この温泉の一軒宿、ホテル祖谷温泉は、「秘境の宿」というイメージをよい意味で裏切るようなおしゃれな宿。建物は切り立った断崖に張り付くように建てられ、谷底にある露天風呂には専用ケーブルカーで下っていく珍しいシステムです。

露天風呂は祖谷川の流れにせり出すように作られており、白い湯の花が浮かぶお湯は、かすかにぬめりがあります。泉質はアルカリ性の単純硫黄

川沿いの露天風呂

ONSEN DATA

いやおんせん

泉質

硫黄泉

効能

疲労回復、皮膚病、創傷、婦人病、リウマチ、神経痛、糖尿病　ほか

お問い合わせ

祖谷温泉
電話●0883-75-2311
https://www.iyaonsen.co.jp

アクセス

三好市池田町松尾

JR土讃線
大歩危駅からバスで
約35分

徳島自動車道
井川池田ICから
約25km

＊写真協力:ホテル祖谷温泉

1.ホテル祖谷温泉のテラス　**2.**谷深い祖谷温泉
3.本館と川沿いの露天風呂を結ぶケーブルカー

泉。浄化や運の活性化のほか、傷ついた心のケア、ストレス解消などに効果があります。また、肌を艶やかにし、女性を美しく見せる効果も。温度が約39度とややぬるめで癒やし効果が高いので、心や体の疲れを癒やしたい人には特におすすめです。

また、ここでは、剣山のパワーが川の水に溶け込んでいるため、川を眺めながら入浴することが開運の秘訣。湯上がりには河畔でゆったりとくつろぎ、剣山のもつ「新しい扉を開く」パワーをたっぷり吸収しましょう。

剣山（▲1955m）は「新しい扉を開く」パワーをもつ山。剣山を源流にもつ祖谷川にも、そのパワーが溶け込んでいるので、川を眺めながら温泉に入り、パワーを取り込みたい。また、切り立った山に囲まれた祖谷渓は日本のチベットとも呼ばれる場所。滞在中は、周囲の山々がもたらす生気をたっぷりと取り込み、運気の底上げを。

ヨーロッパ②

アイスランド

地熱活動が地球上で最も盛んな「ホットスポット」に位置し、国中あちこちで温泉が湧いている。家庭の蛇口から出るお湯も温泉。地熱を利用した世界最大の露天風呂「ブルーラグーン」は観光地としても有名。

◎おすすめの温泉
- ブルーラグーン
- シークレットラグーン

アイスランド・ブルーラグーン

イギリス

イギリスには、「風呂」を意味する言葉ｂａｔｈの語源になった町、バースがあり、ここに湧いている温泉が国内唯一の天然温泉。もともとは飲泉設備しかなかったが、現在はプールやサウナ完備の近代的なスパ施設がある。

◎おすすめの温泉
- バース

ドイツ

ドイツ国民は温泉好きとして知られ、国内にも数多くの温泉がある。ほかのヨーロッパ諸国同様、水着着用で入るプール形式が多いが、水着を着ないで入る混浴の浴場も。またサウナは基本的に男女混浴なので要注意。

◎おすすめの温泉
- バーデン・バーデン
- ヴィースバーデン
- バート・ライヒェンハル

フランス

温泉（鉱泉を含む）は多いが、娯楽というより治療のために入るという意識が強く、温泉地にあるスパ施設も、多くがリラクゼーションと療養を兼ねて造られている。また鉱泉は飲み水として利用されることも多い。

◎おすすめの温泉
- エビアン・レ・バン
- ヴィッテル
- エクス・レ・バン

Chapter
8 九州地方

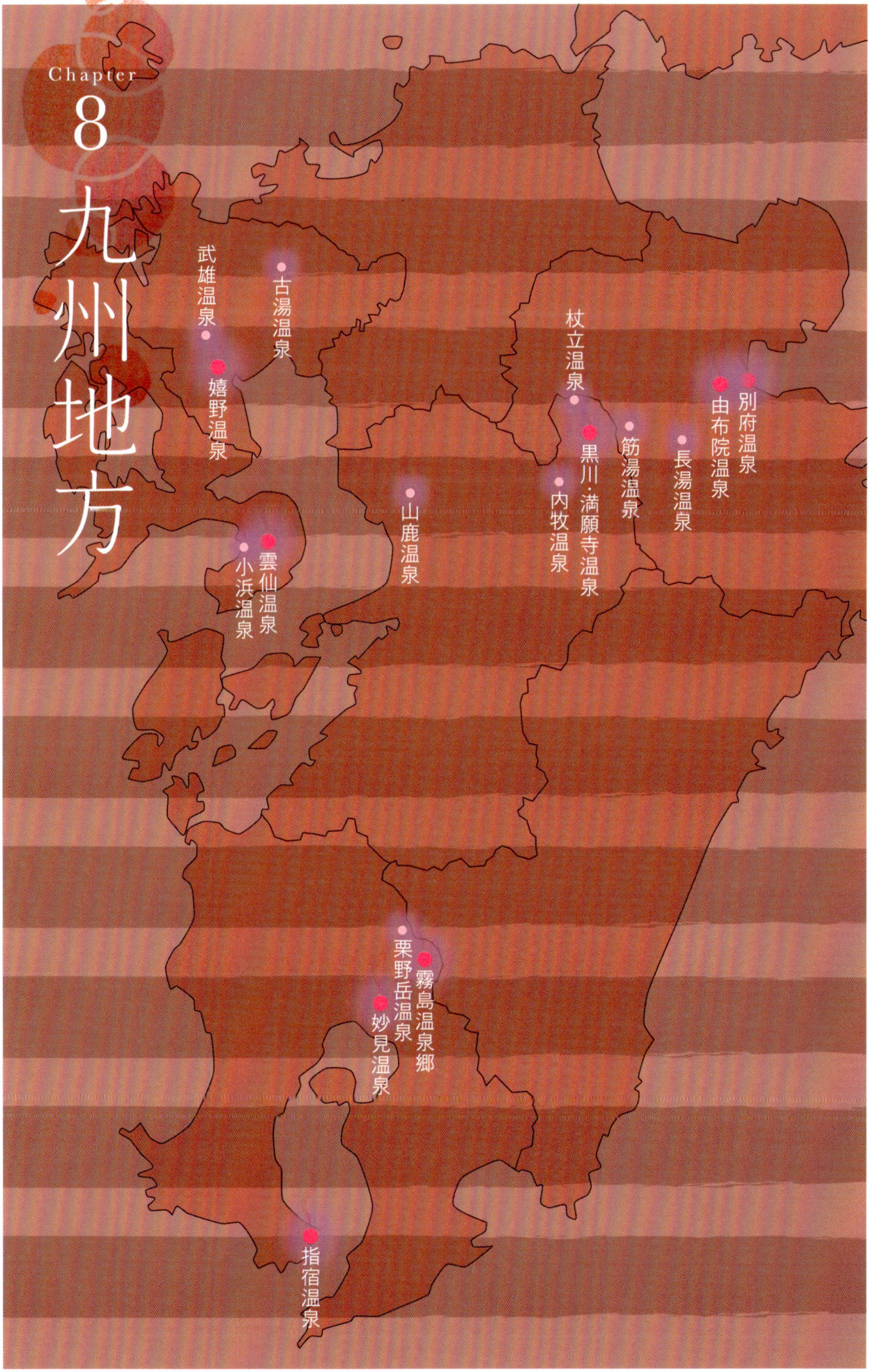

Onsen Power spots No.42

佐賀県

嬉野温泉

URESHINO ONSEN

「水」の気が豊富な美肌の湯。おみやげには波佐見や有田の陶器を

嬉野川に沿って湧き出す嬉野温泉は、佐賀県を代表する温泉地。奈良時代の『肥前国風土記』に「能く人の病を癒やす」として名前が挙がるほど、古くから知られた温泉でした。江戸時代には長崎街道の宿場町でもあったため、シーボルトを初めとする外国人も多く訪れたと伝えられています。

泉質はナトリウム-炭酸水素塩・塩化物泉(炭酸水素塩泉)。源泉温度が90度前後という九州屈指の高温泉で、ナトリウムを多く含むため保湿効果が高く、美肌の湯として高く評価されています。風水的に見ても、炭酸水素塩泉は「水」の気が強いため、肌にみずみずしさを与え、美しく

高温の炭酸水素塩泉

ONSEN DATA

うれしのおんせん

泉質

炭酸水素塩泉

効能

皮膚病、創傷、婦人病、リウマチ、神経痛　ほか

お問い合わせ

嬉野温泉観光協会

電話●0954-43-0137

https://spa-u.net

アクセス

嬉野市嬉野町大字下宿乙

JR佐世保線武雄温泉駅からバスで約30分

長崎自動車道嬉野ICから約5分

＊写真協力:佐賀県観光連盟

1.名物の温泉湯豆腐　2.復活した公衆浴場シーボルトの湯　3.嬉野茶に合うおしゃれな陶器　4.湯宿広場の足湯

見せてくれる作用があります。また、水毒を流してくれるので、健康運や愛情運アップにも効果的です。

また、嬉野は波佐見、有田、伊万里といった焼きものの名産地に近いため、おみやげ屋さんにはおしゃれな陶器がたくさん並んでいます。マグカップや茶碗など、普段使いの器で気に入ったものを見つけたら、ぜひ自分へのおみやげに買って帰りましょう。「土」の気をもつ陶器が定着の気を強め、水毒浄化を促進してくれますよ。

近くにパワーのある霊山がないため、土地のもつ気はさほど強くないが、少し離れた大村湾にたまった気が流れてきている。大村湾周辺では、「水」の気と「土」の気がちょうどよい具合に混ざり合っており、それが温泉のもつパワーに影響を与えていると思われる。陶器をおみやげに買うなど、「土」の気を取り入れることで、より水毒が浄化されやすくなる。

別府温泉

BEPPU ONSEN

8種類の泉質が味わえる大温泉地。砂湯や泥湯で「土」の気を吸収して

別府、浜脇、観海寺、堀田、明礬、鉄輪、柴石、亀川の八温泉地を擁する別府温泉郷は、日本を代表する温泉地。町中いたるところから湯けむりが上がり、源泉数、泉質数、湧出量のいずれも日本一を誇っています。

別府温泉郷があるのは、鶴見岳と別府湾の間に広がる扇状地一帯。別府湾に沿ったこの地域には、くじゅう連山と由布岳の発する気が連なって流れてきています。この気は山から湾へと向かう「排出」の気。そのため、この土地から湧き出す温泉には、悪いもの、特に土毒や金毒を排出する気が含まれています。生命力を高める力もあるので、

別府で人気の地獄めぐり（海地獄）

ONSEN DATA

べっぷおんせん

泉質

単純温泉、二酸化炭素泉、炭酸水素塩泉、塩化物泉、硫酸塩泉、含鉄泉、硫黄泉、酸性泉

効能

皮膚病、リウマチ、神経痛　ほか

お問い合わせ

別府市観光協会
電話●0977-24-2828
http://www.gokuraku-jigoku-beppu.com

アクセス

別府市北浜1丁目

JR日豊本線
別府駅から

東九州自動車道
別府ICから

1.泥湯に入れる紺屋地獄 別府温泉保養ランド　**2.**血の池地獄
3.源泉数日本一の温泉街

人生をガラリと大きく変えたい人、疲労がたまっている人、今までの環境をリセットしてやり直したい人などにおすすめです。

泉質は、単純温泉、二酸化炭素泉、炭酸水素塩泉、塩化物泉、硫酸塩泉、含鉄泉、硫黄泉、酸性泉の8種類。せっかく別府を訪れたのなら、ホテルや旅館の内湯だけでなく、共同浴場や日帰り利用可能な宿で外湯めぐりを楽しみましょう。とりわけ砂湯や泥湯は、強い「土」の気が得られるので、ぜひチャレンジを。

くじゅう連山（最高峰は中岳▲1791m）と由布岳（▲1583m）の生気が連携した強い気が、別府湾に向かって流れてきている。別府温泉と由布院温泉（140ページ）は、ともにその気を受けている。外湯めぐりで異なる泉質のはしごを楽しむと吸収率が高まる。また、由布院温泉とのはしごも、同じベースでありながら、まったく異なる気を取り込めるのでおすすめ。

Onsen Power spots No. 44

大分県

由布院温泉
UFUIN ONSEN

女子旅スタイルに最適の温泉地。
由布岳を眺めながら
ゆったりと入浴を

　標高1583メートルの由布岳の麓に位置し、その雄大な山のパワーを丸ごと受け取れる貴重な温泉地。由布岳から下りてきた生気は、麓にある由布院温泉のあたりでいったん止まり、滞留しています。ですから、由布院温泉では、ただゆったりと散策したり温泉に入ったりするだけで、よい運気が吸収できるのです。

　温泉の主な泉質は単純温泉、なかでもアルカリ性の単純温泉が全体の7割近くを占めています。アルカリ性単純温泉は心のケアや恋愛運アップに効く温泉。運の活性化にも効果があります。ここでは由布岳を眺めながら入浴することが開

金運

恋愛運

人間関係運

仕事運

健康運

浄化

修復・回復

美肌・女性らしさUP

成長・発展

活性化・生命力UP

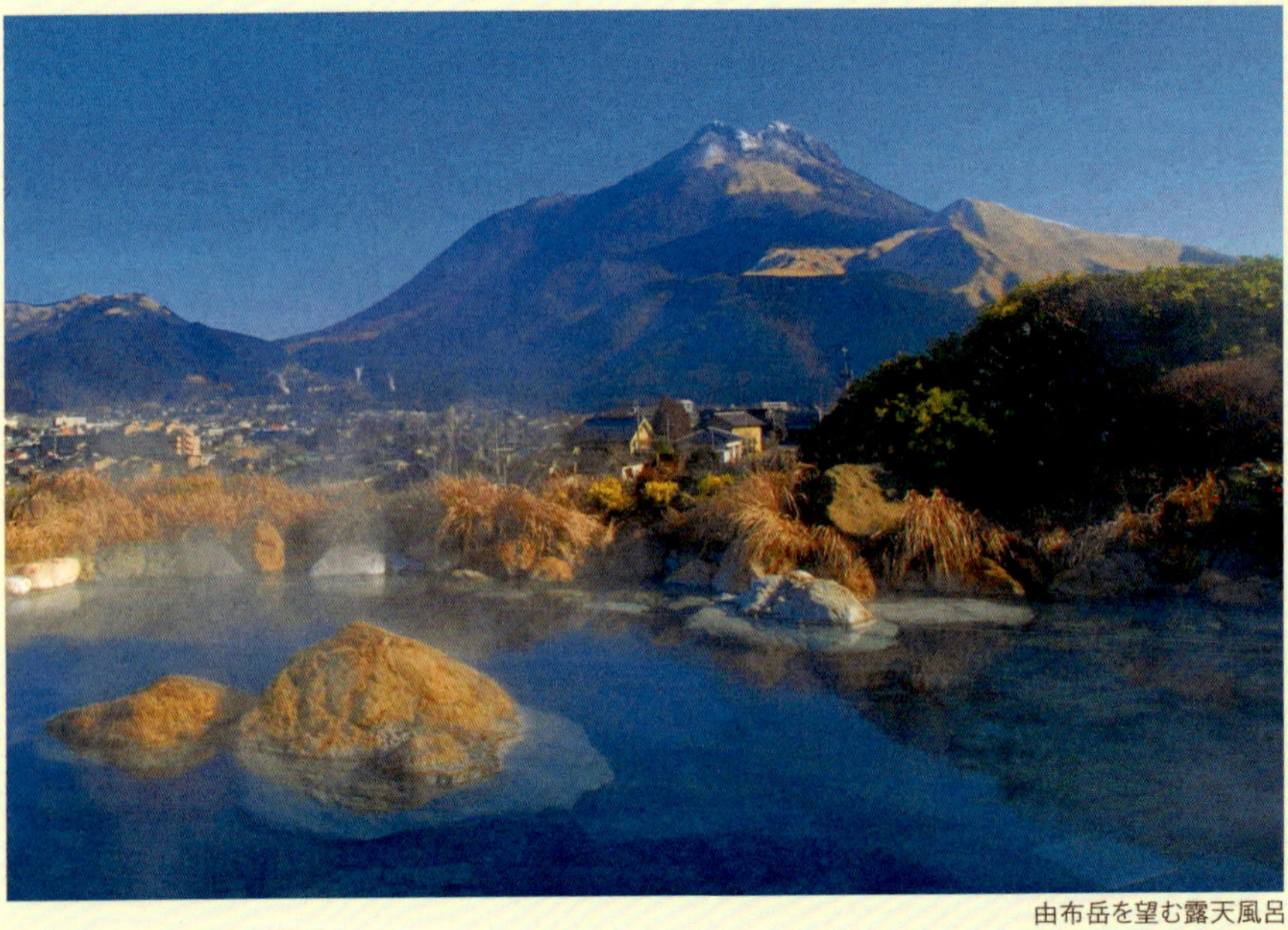

由布岳を望む露天風呂

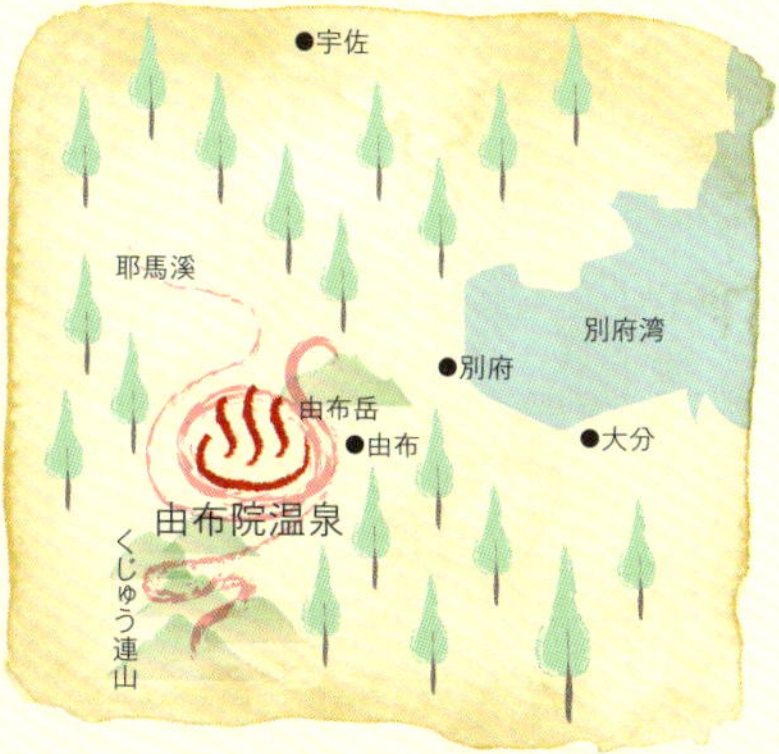

由布岳（▲1583m）の麓にあり、山のパワーをそのまま受けられる温泉。由布岳は富士山に似たパワーをもつ霊山で、そこから生じた気は由布院温泉周辺で滞留したあと、耶馬溪へと向かって流れていく。滞留している気は、くじゅう連山（最高峰は中岳▲1791m）の気ともつながっているため、非常に強力で、その土地に滞在するだけでパワーがもらえる。

1.JR九州のゆふいんの森号　2.金鱗湖

運の秘訣。もし、宿泊する宿のお風呂から由布岳が見えない場合は、滞在中に一度だけでもいいので、由布岳の見える共同浴場や日帰り利用できる宿で入浴することをおすすめします。

由布院温泉は、昭和40年代から、「女性ひとりでも安心して訪れることができる温泉」として取り組みを続けてきただけに、女性が泊まりやすい宿がたくさんあるのもうれしいところ。いわゆる「温泉街」はありませんが、町内には美術館やショップ、おしゃれなカフェなどが点在し、毎年開かれる音楽祭や映画祭には、多くの人が訪れます。まさに「女子旅スタイル」で運気を吸収できる温泉なので、男性もぜひ食べ歩きや散策を楽しみ、運気を吸収してください。

ONSEN DATA

ゆふいんおんせん

泉質

単純温泉

効能

創傷、婦人病、リウマチ、神経痛、胃腸病　ほか

お問い合わせ

由布院温泉観光協会
電話●0977-85-4464
http://www.yufuin.gr.jp

アクセス

由布市湯布院町川上

JR久大本線
由布院駅から

大分自動車道
湯布院ICから

＊写真協力：ツーリズムおおいた

Onsen Power spots No.45

熊本県

黒川温泉
KUROKAWA ONSEN

山里らしい趣のある温泉地。
入湯手形で露天風呂めぐりを
楽しんで

　露天風呂の湯めぐりで有名な黒川温泉は、毎年100万人以上の観光客が訪れる人気の温泉地。もともと山間の小さな温泉地だった黒川温泉は、1960年代以降、乱立していた看板を撤去する、樹木の剪定や植樹を行なうなど、各旅館が一体となって黒川全体の景観づくりに取り組んできました。そのひとつが「入湯手形」。すべての宿の露天風呂を3軒まで自由に利用できるというこの手形が人気を集め、多くの人が訪れるようになったのです。

　黒川温泉のある瀬の本高原周辺は、くじゅう連山および阿蘇山から強い生気が流れ込んでい

金運
恋愛運
人間関係運
仕事運
健康運
浄化
修復・回復
美肌・女性らしさup
成長・発展
活性化・生命力up

森の中の露天風呂

る地域。土地自体が強いパワーをもっているので、居心地のよい宿に宿泊してゆったりとくつろぎ、温泉を堪能しましょう。

各宿には趣向を凝らした露天風呂があるので、ぜひ入湯手形を利用して湯めぐりを。単純温泉、炭酸水素塩泉、塩化物泉、硫酸塩泉、含鉄泉、硫黄泉、酸性泉と7種類もの泉質がそろっているので、異なる泉質の温泉をはしごして「変化」の気を取り込むと運気がアップします。湯上がりには浴衣姿でぶらぶら散策したり、甘いものを食べたりするのが◎。

また、黒川温泉周辺には、自噴泉の露天風呂がある満願寺温泉、渓流沿いの川湯が名物の奥満願寺温泉といった小さな温泉が点在しているので、そちらに足を延ばしてみるのもおすすめです。

ONSEN DATA

くろかわおんせん

泉質

硫黄泉、単純温泉、炭酸水素塩泉、塩化物泉、硫酸塩泉、含鉄泉、酸性泉

効能

皮膚病、婦人病、神経痛、胃腸病

お問い合わせ

黒川温泉観光旅館協同組合
電話●0967-44-0076
https://www.kurokawaonsen.or.jp

アクセス

阿蘇郡南小国町

JR阿蘇駅からバスで約95分

九州自動車道熊本ICから約90km

黒川温泉のほか、満願寺温泉、奥満願寺温泉など、小さな温泉が多数あるエリア。この地域一帯は、くじゅう連山（最高峰は中岳▲1791m）と阿蘇山（最高峰は高岳▲1592m）の生気を受け取っており、山の生気が強く感じられる。ゆっくり滞在して気をため込むことで、吸収した温泉成分が蓄積されるので、連泊もおすすめ。山里らしい雰囲気を楽しみながら過ごして。

1

2

1.川沿いの温泉街　**2.**含鉄泉

Onsen Power spots No. 46

長崎県

雲仙温泉

UNZEN ONSEN

湯けむりに包まれた風光明媚な温泉。酸性泉&硫黄泉のWパワーで強力浄化

雲仙は日本で初めて国立公園に選ばれた国際的な観光地。明治時代には外国人向けの避暑地として人気を集め、それが今日のにぎわいにつながっています。

その雲仙の中心的な存在が、雲仙温泉。温泉街は古湯、新湯、小地獄の3つに分かれており、古湯と新湯の間には雲仙温泉の象徴である雲仙地獄があります。地獄から噴き上がる高温の湯けむりは、地下のマグマだまりから発生したガスが化学変化によって高温の水になり、その熱水が沸騰することで生じたガスが噴煙となって現れたもの。このガスと周囲の山からの地下水が混ざり合ったものが、雲仙温泉の源泉となっているのです。

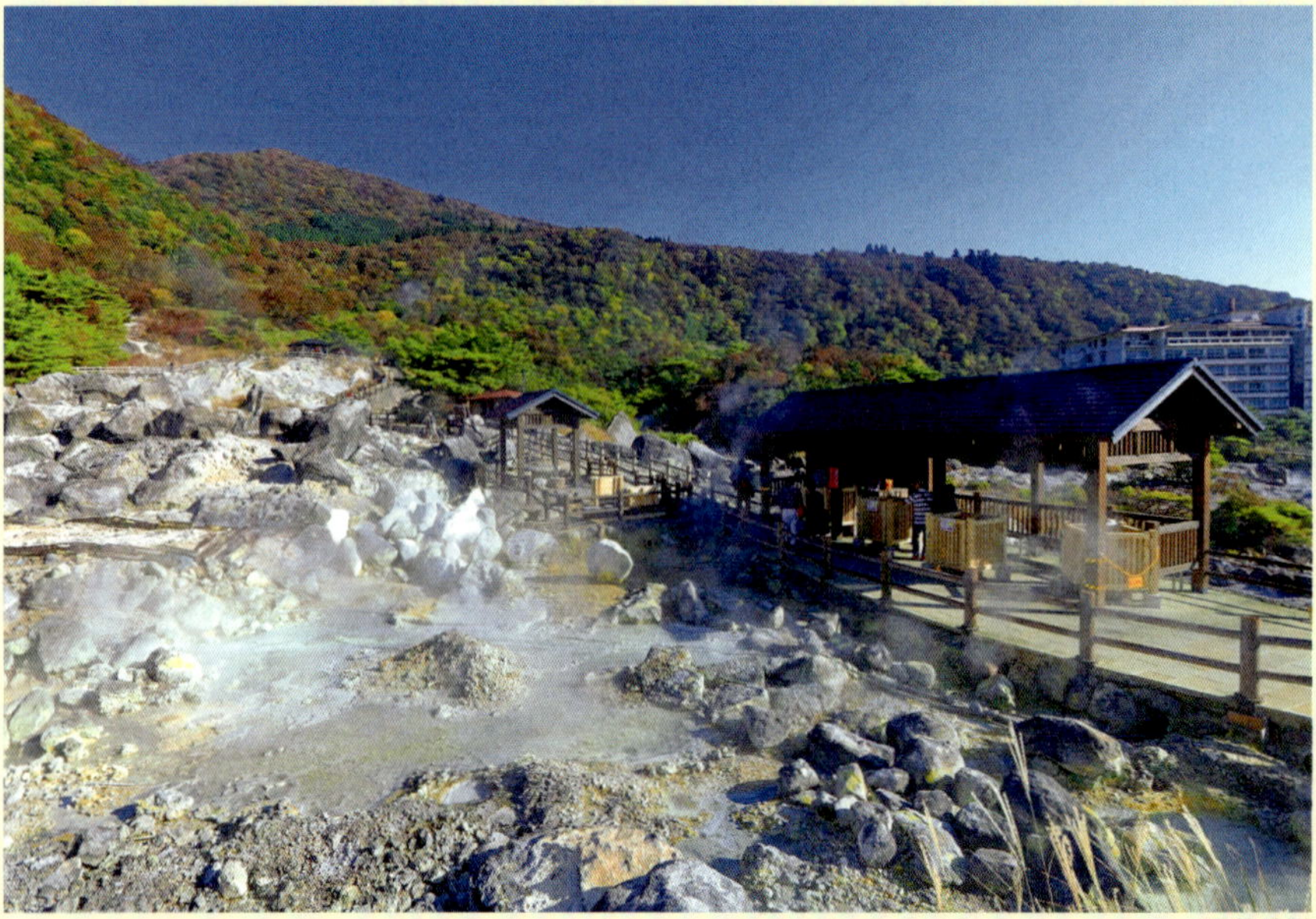
雲仙地獄

ONSEN DATA

うんぜんおんせん

泉質

含鉄泉、硫黄泉、酸性泉

効能

疲労回復、皮膚病、湿疹、美肌、創傷、筋肉痛、関節痛、リウマチ、神経痛、糖尿病　ほか

お問い合わせ

雲仙温泉観光協会

電話●0957-73-3434

http://www.unzen.org

アクセス

雲仙市小浜町雲仙

JR長崎本線
諫早駅から諫早バスで約80分

長崎自動車道
諫早ICから約60分

＊写真協力:雲仙温泉観光協会

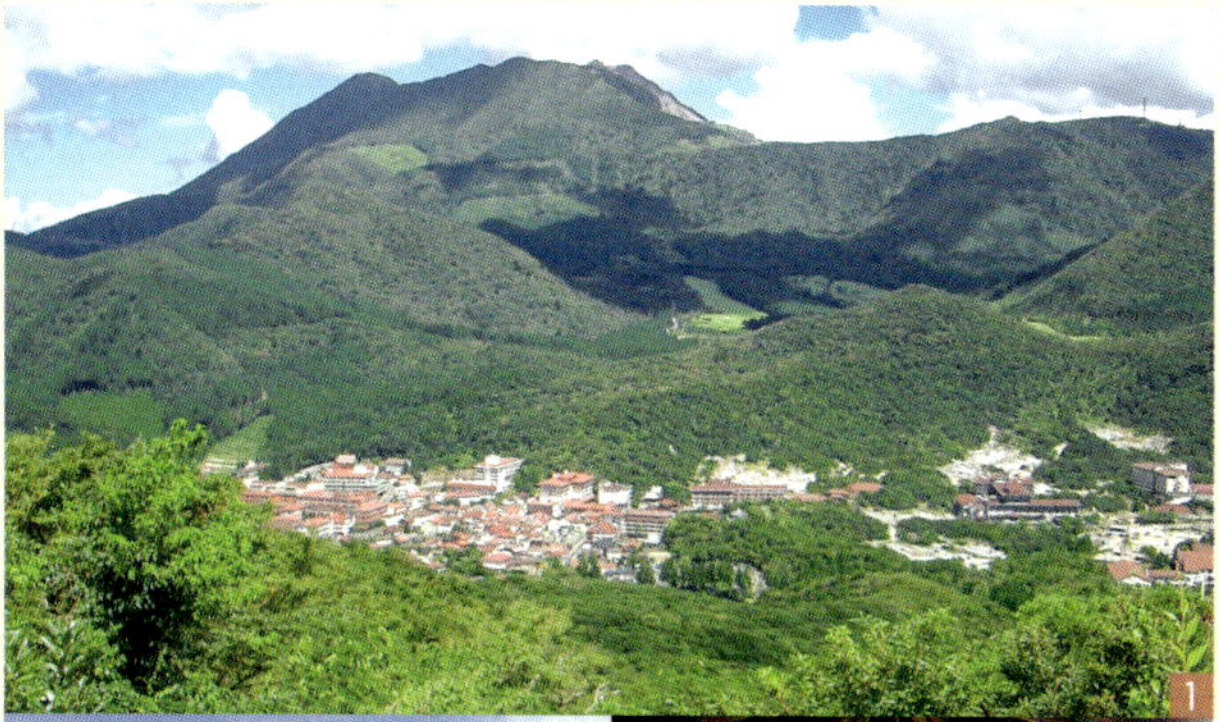

1.絹笠山より温泉街を望む　**2.**清七地獄　**3.**共同浴場 小地獄温泉館

主な泉質は、強酸性の硫黄泉、酸性泉。いずれも強い金毒浄化力や金運を活性化させる力があり、また生命力を高めてくれる作用もあります。また、温泉には雲仙岳がため込んだ気がすべて溶け込んでいるので、入浴することでその強い気も吸収できます。

温泉に入った後は、ぜひ長崎の名物を食べて。特にちゃんぽんやカステラなど、外来のものが日本で独自に進化した食べ物は、温泉成分の吸収率を高めてくれますよ。

北のほうから島原半島に向かって流れてきた気は、半島の中心にある雲仙岳（最高峰は平成新山▲1483m）で一度吸収され、その後南へと抜けていく。雲仙温泉には、その過程で雲仙岳がため込んだパワーがすべて溶け込んでいる。温泉そのものも非常にパワフルだが、それに雲仙岳のパワーが加わって、強い気を与えてくれる温泉になっている。

Onsen Power spots No. 47

鹿児島県

霧島温泉郷

KIRISHIMA ONSENKYO

大小さまざまな温泉が点在する温泉郷。豊かな湯量の硫黄泉で金毒浄化を

霧島温泉郷は、霧島山の鹿児島側の山腹に広がる大小さまざまな温泉群の総称です。代表的な温泉地は丸尾、湯之谷、林田、硫黄谷、新湯、栗川、殿湯、関平の8つ。南国鹿児島のなかでも冷涼な高原地帯にあり、眼下に鹿児島湾（錦江湾）や桜島を眺められるうえ、湯量も豊富なので、一年中訪れる人が絶えません。

温泉によって、おしゃれなリゾート風の宿が多いところ、湯治客向けの宿が多いところなど、雰囲気もさまざまなので、好みの宿を探してみてください。

泉質の種類も多種多様。主力は硫黄泉ですが、炭酸水素塩泉、塩化物泉、含鉄泉も見られ

新湯温泉

金運
恋愛運
人間関係運
仕事運
健康運
浄化
修復・回復
美肌・女性らしさup
成長・発展
活性化・生命力up

ONSEN DATA

きりしまおんせんきょう

泉質

炭酸水素塩泉、塩化物泉、含鉄泉、硫黄泉

効能

疲労回復、皮膚病、美肌、火傷、創傷、打ち身、捻挫、運動機能障害、肩こり、五十肩、筋肉痛、腰痛、関節痛、冷え性、婦人病、神経痛、痔、病後回復、健康増進　ほか

お問い合わせ

霧島市観光協会
電話●0995-78-2115
http://kirishimakankou.com

アクセス

霧島市牧園町高千穂

JR日豊本線
霧島神宮駅からバスで約30〜40分

九州自動車道
溝辺鹿児島空港ICから約30分

1.霧島山　**2.**霧島神宮　**3.**白濁する湯も多い

霧島山の主峰、韓国岳（▲1700m）のパワーが溶け込んでいる温泉。天孫降臨神話の舞台になった高千穂峰からもパワーを受け取っているので、温泉に入りながら、自分のご先祖さまやルーツについて考えると開運につながる。また、霧島神宮や高千穂峰を訪れて土地のパワーを体感すると、温泉成分が定着しやすくなる。

ます。硫黄泉は金毒浄化や金運を活性化してくれる温泉。温泉に溶け込んでいる韓国岳のパワーも、ぜひ一緒に受け取ってください。泉質の違うお湯をはしごすると、より浄化・活性化効果が高まります。

また、少し足を延ばして霧島神宮を訪れるのもおすすめです。霧島神宮は高千穂峰を祖山とし、韓国岳からも気を受けているパワースポット。物事を継続する運気がもらえます。温泉に入った後で訪れると、より多くのパワーを吸収できますよ。

Onsen Power spots No. 48

鹿児島県

指宿温泉

IBUSUKI ONSEN

南国ムードあふれる温泉地。名物の砂蒸し温泉でデトックスを

古くは「湯豊宿」と書いて「いぶすき」と読んだという指宿温泉。一日の温泉湧出量の平均が約12万トンという豊富な湯量を誇る南国鹿児島の温泉地です。

主な泉質は塩化物泉。塩化物を多く含む温泉は浄化の力が強いのですが、海に面している指宿温泉にはとりわけ強い浄化力があり、さまざまな悪いものを根底から浄化してくれます。露天風呂で海を見ながら入浴すると、より効果的ですよ。

また、指宿を訪れたら、ぜひ体験してほしいのが砂むし。温泉が湧き出す砂浜であおむけになり、砂に埋まるという入浴方法で、指宿では昔から

開聞岳とヘルシーランドの露天風呂

金運 恋愛運 人間関係運 仕事運 健康運 浄化 修復・回復 女性らしさ 美肌・up 成長・発展 生命力 活性化・up

ONSEN DATA

いぶすきおんせん

泉質

塩化物泉

効能

疲労回復、皮膚病、火傷、創傷、運動機能障害、打ち身、捻挫、五十肩、筋肉痛、関節痛、冷え性、婦人病、更年期障害、神経痛、病後回復、虚弱体質　ほか

お問い合わせ

指宿市観光協会
電話●0993-22-3252
http://ibusuki.or.jp/spa/

アクセス

指宿市湯の浜4丁目

JR指宿枕崎線
指宿駅から

指宿スカイライン
頴娃ICから約20km

＊写真協力:指宿市観光協会

1.JR日本最西南端の駅　**2.**自噴泉の村之湯温泉　**3.**名物の砂むし

湯治のひとつとして行なわれてきたもの。ほかの温泉地にも砂むし（砂湯）はありますが、海岸に自然湧出する温泉で砂むしが体験できるのは世界でもここ指宿だけです。砂むしは血行を促進し、老廃物を体内に排出するデトックス効果が高く、医学的にも普通の温泉の3、4倍のリフレッシュ効果があるとされています。風水的にも自分の奥底に眠っている悪いものを浮き出させてくれる効果がありますから、ぜひチャレンジしてみてください。

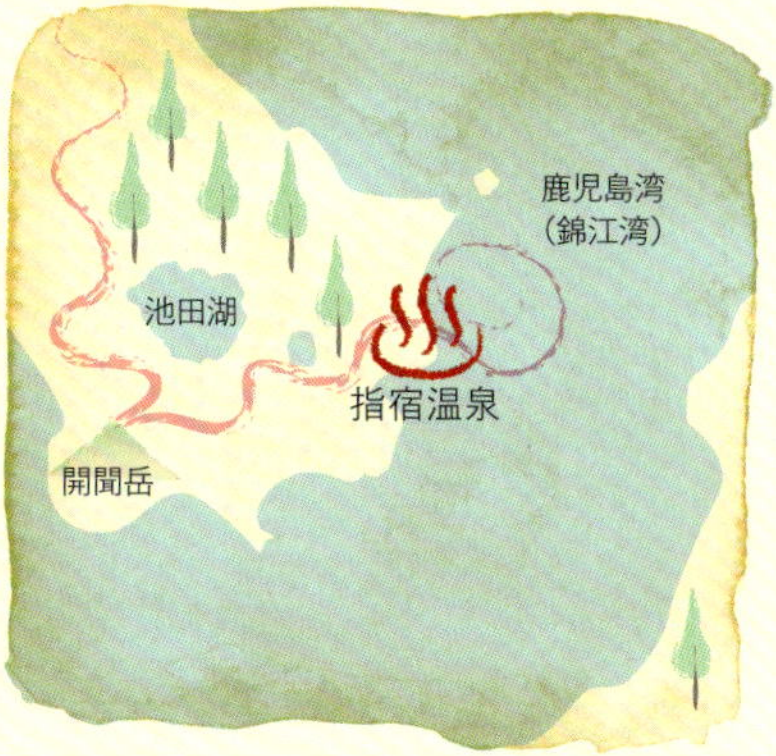

九州北部から南に向かって流れてきた気は、開聞岳（▲924m）にぶつかってはね返り、鹿児島湾（錦江湾）へと向かって流れていく。指宿温泉はその湾の入り口にあるため、温泉には開聞岳を経由して流れてきた山々の生気が溶け込んでいる。もともと浄化力が強い温泉だが、海を眺めながら入浴すると、よりパワーが強まる。名物の砂蒸し温泉もぜひ体験を。

Onsen Power spots No. 49

鹿児島県

妙見温泉

MYOKEN ONSEN

渓流沿いの静かで落ち着いた温泉地。泡の出る炭酸水素塩泉で運を軽やかに

霧島市のほぼ中心部を流れる天降川沿い、新川渓谷と呼ばれる一帯には、いくつかの温泉地が点在しています。妙見温泉は、そのなかのひとつ。「妙見」の名は、明治時代中期に妙見神社跡から湯が湧き出したことからつけられたといわれています。空港から車で15分という抜群の立地にもかかわらず、周囲を自然に囲まれ、環境は抜群。和風旅館が並ぶ落ち着いた雰囲気の温泉地です。

妙見温泉が湧き出している天降川周辺は、霧島山が発した生気が鹿児島湾（錦江湾）に向かうルートの中間地点にあるため、気がたまりやす

椋の木野天風呂

金運
恋愛運
人間関係運
仕事運
健康運
浄化
修復・回復
美肌・女性らしさup
成長・発展
活性化・生命力up

妙見温泉は、霧島山（最高峰は韓国岳▲1700m）から鹿児島湾（錦江湾）へと流れていく気のルートのちょうど中間地点にあたるため、気が滞留しやすい。また、川の水にも山の生気が溶け込んでいるので、川を眺めながら温泉に浸かることで、より強いパワーを受けられる。パワフルな温泉なので、のぼせたり湯あたりしたりしやすく、長湯は禁物。

1.七実の湯　**2.**炭酸水素泉

くなっています。川沿いにあり、気が集まりやすいこともパワーを強めている一因です。

また、妙見温泉はすべての宿が自家源泉をもっており、どこに泊まっても源泉掛け流しの温泉に浸かることができるという、貴重な温泉地です。泉質は、カルシウムやマグネシウム、ナトリウムなどを含んだ炭酸水素塩泉。炭酸の力で体や運の重みを取り除いてくれるとともに、土台を強くしてくれます。温泉自体の成分が濃いことに加え、溶け込んでいる山の気も非常に強力なため、のぼせてしまうことも。あまり長湯をせず、のぼせたと感じたら早めに上がるようにしてください。

なお、ここの温泉は飲泉も可能で、公共の飲泉所もあります。入浴前にひと口飲んでおくと、さらに吸収率がアップしますよ。

ONSEN DATA

みょうけんおんせん

泉質

炭酸水素塩泉

効能

疲労回復、皮膚病、火傷、創傷、運動機能障害、打ち身、捻挫、五十肩、筋肉痛、関節痛、冷え性、神経痛、痛風、糖尿病、肝臓病、痔、病後回復、健康増進　ほか

お問い合わせ

妙見温泉振興会
電話●0995-77-2818
http://www.myoken-onsen.com

アクセス

霧島市隼人町嘉例川

JR霧島温泉駅から
バスで約30分

九州自動車道
溝辺辺鹿児島空港IC
から約16km

＊写真協力:妙見石原荘

ヨーロッパ③

チェコ

15世紀ごろから上流貴族や王族の間で温泉文化が発達し、現在もスパツーリズムが盛んな国として知られる。ただし、チェコでは入浴より飲泉がメイン。温泉地には飲泉場があり、誰でも無料で飲泉できる。

◎おすすめの温泉
●カルロヴィ・ヴァリ

オーストリア

首都ウィーンをはじめ、ドナウ川沿岸やザルツブルク州など、各地に温泉が点在している。硫黄泉や塩化物泉、含ヨウ素泉など、泉質もさまざま。ほかのヨーロッパ諸国同様、温泉療法のための療養施設も多い。

◎おすすめの温泉
●バート・ガスタイン　●テルメ・ウィーン

ハンガリー

国内には火山がなく、600カ所以上あるという温泉はすべて非火山性。地熱で温められた地下水を汲み上げているため、源泉はぬるめ。ローマ帝国やトルコの影響を受けており、大衆浴場文化も広く根付いている。

◎おすすめの温泉
●セーチェニ
●ゲッレールト
●ヘーヴィーズ温泉湖

スイス

豊富な水源を持ち、山々に囲まれたスイス。全国で約250種類もの温泉（鉱泉を含む）が湧き出しており、古くからの温泉地には、お風呂を意味する「バード」「バーデン」（フランス語圏なら「バン」）が付く。

◎おすすめの温泉
●バート・ラガッツ　●バーデン　●サンモリッツ

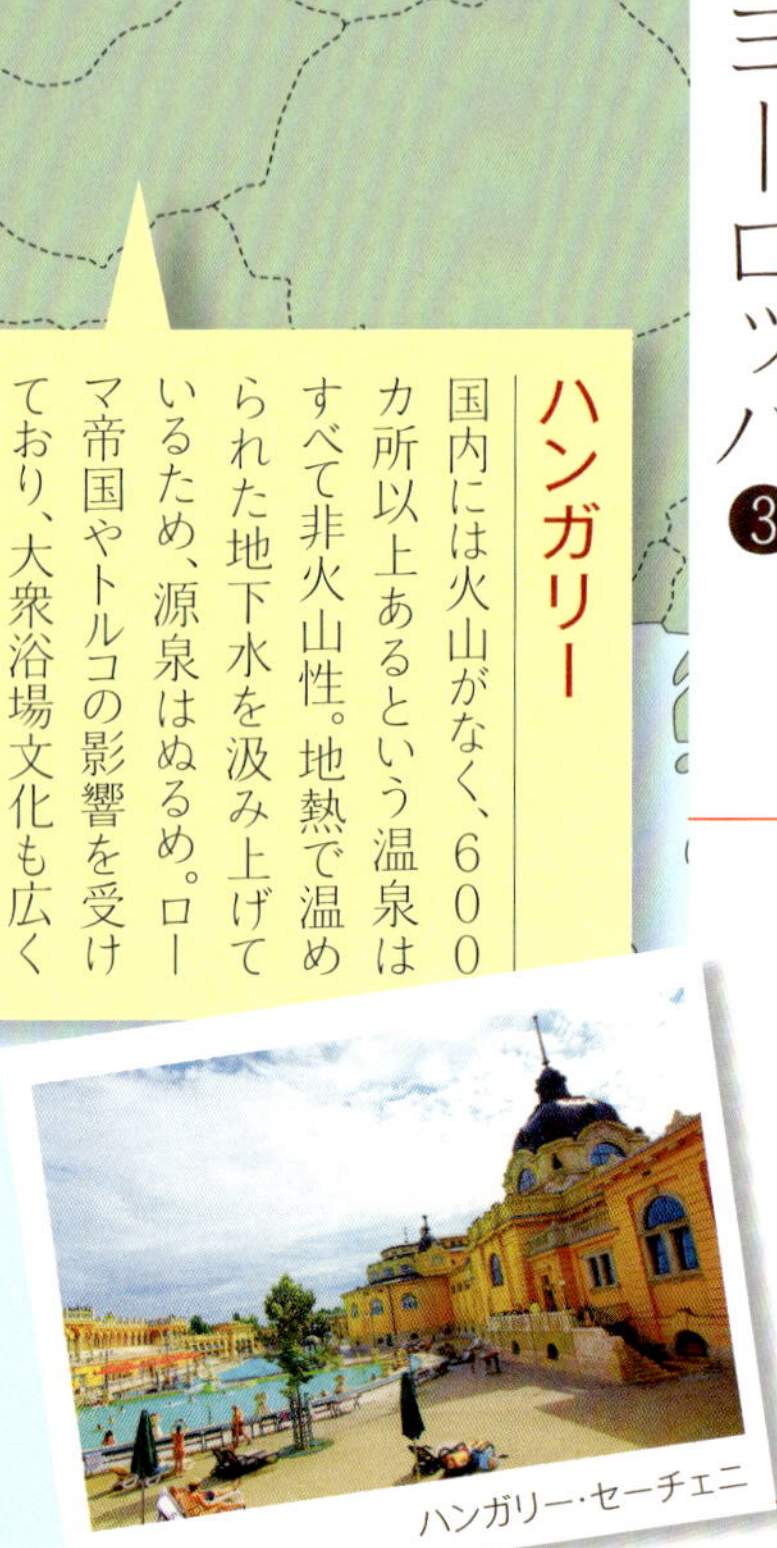

ハンガリー・セーチェニ

Chapter 9

その他のパワースポット温泉

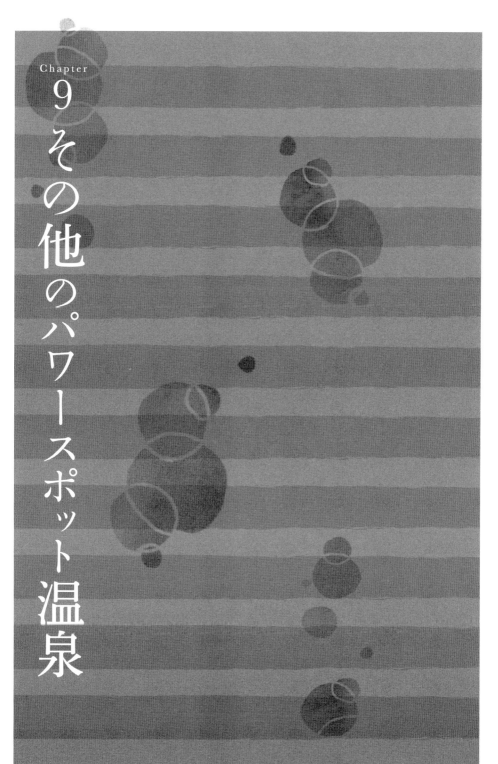

	温泉名	得られる運気	泉質	効能	お問合せ	アクセス
北海道	屈斜路湖畔温泉郷	金運 **恋愛運** **人間関係運** **仕事運** **健康運** **浄化** **修復・回復** 成長・発展 美肌・女性らしさup 活性化・生命力up	単純温泉 塩化物泉	皮膚病、運動機能障害、婦人病、リウマチ、神経痛	摩周湖観光協会 http://www.masyuko.or.jp/pc/tow_lakes.html	川上郡弟子屈町屈斜路古丹 JR釧網本線川湯温泉駅から車で10分 道東自動車道足寄ICから約110キロ
	旭岳温泉	**金運** 恋愛運 **人間関係運** **仕事運** **健康運** **浄化** **修復・回復** 成長・発展 美肌・女性らしさup 活性化・生命力up	硫酸塩泉	神経痛、筋肉痛、関節痛、五十肩、運動機能障害、打ち身、捻挫、疲労回復、痔、冷え性、病後回復、健康増進、皮膚病、婦人病、創傷、火傷　ほか	ひがしかわ観光協会 http://www.welcome-higashikawa.jp/	上川郡東川町 JR函館本線旭川駅からバスで80分 道央自動車道旭川鷹栖ICから約40分
	白老温泉	金運 恋愛運 **人間関係運** **仕事運** 健康運 **浄化** 修復・回復 成長・発展 美肌・女性らしさup 活性化・生命力up	塩化物泉	神経痛、筋肉痛、皮膚病、婦人病、冷え性、疲労回復、健康増進　ほか	白老観光協会 http://shiraoi.net/spa-stay/	白老郡白老町 JR室蘭本線白老駅から車で5分 道央自動車道白老ICから約20分
青森	蔦《つた》温泉	金運 恋愛運 **人間関係運** **仕事運** 健康運 **浄化** 修復・回復 成長・発展 美肌・女性らしさup 活性化・生命力up	塩化物泉	運動機能障害、冷え性、婦人病、リウマチ、神経痛、胃腸病	蔦温泉旅館 https://tsutaonsen.com	十和田市奥瀬字蔦野湯 JR青森駅からバスで110分 東北自動車道十和田ICまたは小坂ICから約45キロ
秋田	大湯温泉	金運 恋愛運 **人間関係運** **仕事運** 健康運 **浄化** 修復・回復 成長・発展 美肌・女性らしさup 活性化・生命力up	塩化物泉	皮膚病、火傷、創傷、神経痛、胃腸病	大湯温泉観光協会 http://www.ink.or.jp/~o-yu/	鹿角市十和田大湯 JR花輪線鹿角花輪駅からバスで40分 東北自動車道十和田ICから約15分
岩手	鉛温泉	金運 **恋愛運** **人間関係運** **仕事運** **健康運** **浄化** **修復・回復** 成長・発展 美肌・女性らしさup 活性化・生命力up	単純温泉	皮膚病、筋肉痛、関節痛、婦人病、リウマチ、神経痛、糖尿病、胃腸病、痔、病後回復　ほか	藤三旅館 https://www.namari-onsen.co.jp/spa/#footerPage	花巻市鉛中平 JR東北本線花巻駅からバスで35分 東北自動車道花巻南ICから約20分

県	温泉名	得られる運気	泉質	効能	お問合せ	アクセス
宮城	**鳴子温泉**	**金運** **恋愛運** **人間関係運** **仕事運** **健康運** **浄化** **修復・回復** 成長・発展 **美肌・女性らしさup** **活性化・生命力up**	炭酸水素塩泉、含鉄泉、塩化物泉、硫酸塩泉、硫黄泉、酸性泉、	リウマチ、運動機能障害、神経痛　ほか	鳴子観光・旅館案内センター http://www.naruko.gr.jp	大崎市鳴子温泉 JR陸羽東線 川渡温泉、鳴子御殿湯、鳴子温泉、中山平温泉の各駅下車 東北自動車道古川ICから約28キロ
	作並温泉	**金運** 恋愛運 **人間関係運** **仕事運** **健康運** **浄化** **修復・回復** 成長・発展 美肌・女性らしさup 活性化・生命力up	硫酸塩泉	皮膚病、美肌、火傷、創傷、婦人病、リウマチ、神経痛	仙台観光国際協会宮城支部 http://www.sentia-sendai.jp	仙台市青葉区作並 JR仙山線作並駅からバスで50分 東北自動車道仙台宮城ICから約30キロ
	秋保《あきう》温泉	金運 恋愛運 **人間関係運** **仕事運** 健康運 **浄化** 修復・回復 成長・発展 美肌・女性らしさup 活性化・生命力up	塩化物泉	疲労回復、火傷、創傷、捻挫、腰痛、関節痛、冷え性、婦人病、リウマチ、神経痛、高血圧　ほか	秋保温泉観光案内所 https://akiusato.jp/tabi/onsen.html	仙台市太白区秋保町湯元 JR愛子駅からバスで15分、徒歩10分 東北自動車道仙台南ICから約8キロ
福島	**野地温泉**	**金運** 恋愛運 人間関係運 仕事運 健康運 **浄化** 修復・回復 成長・発展 美肌・女性らしさup 活性化・生命力up	硫黄泉	婦人病、リウマチ、神経痛、胃腸病	野地温泉ホテル http://www.nojionsen.com	福島市土湯温泉町 JR東北新幹線福島駅からバスで50分 東北自動車道福島西ICから約40分
	二岐《ふたまた》温泉	**金運** 恋愛運 **人間関係運** **仕事運** **健康運** **浄化** **修復・回復** 成長・発展 美肌・女性らしさup 活性化・生命力up	硫酸塩泉	疲労回復、皮膚病、火傷、創傷、打ち身、捻挫、五十肩、筋肉痛、腰痛、関節痛、冷え性、リウマチ、神経痛、痔、病後回復、健康増進	天栄村観光協会 http://www.vill.tenei.fukushima.jp/soshiki/6/onsen.html	岩瀬郡天栄村湯本 JR白河駅から車で60分 東北自動車道白河ICから約40キロ
山形	**あつみ温泉**	**金運** 恋愛運 **人間関係運** **仕事運** **健康運** **浄化** **修復・回復** 成長・発展 美肌・女性らしさup 活性化・生命力up	硫酸塩泉	皮膚病、湿疹、火傷、創傷、婦人病、リウマチ、神経痛、痛風、糖尿病、胃腸病、腎臓病、病後回復　ほか	あつみ観光協会 http://www.atsumi-spa.or.jp/	鶴岡市湯温海甲 JRあつみ温泉駅からバスで約8分 日本海東北自動車道朝日まほろばICから約50分

県	温泉名	得られる運気	泉質	効能	お問合せ	アクセス
山形	赤倉温泉	**金運** 恋愛運 **人間関係運** **仕事運** **健康運** **浄化** **修復・回復** 成長・発展 美肌・女性らしさup 活性化・生命力up	硫酸塩泉	疲労回復、皮膚病、美肌、火傷、創傷、打ち身、捻挫、五十肩、筋肉痛、腰痛、関節痛、冷え性、リウマチ、神経痛、循環器障害、高血圧、糖尿病、眼病、胃腸病、痔、喘息、病後回復、健康増進	赤倉温泉観光協会 http://akakura-spa.com	最上郡最上町大字富澤 JR赤倉温泉駅から車で約5分 東北自動車道古川ICまたは東北中央自動車道新庄IC
栃木	奥鬼怒温泉郷	金運 **恋愛運** **人間関係運** **仕事運** **健康運** **浄化** **修復・回復** 成長・発展 美肌・女性らしさup **活性化・生命力up**	単純温泉 酸性泉	運動機能障害、筋肉痛、神経痛 ほか	鬼怒川温泉旅館組合 http://www.kinugawa-onsen.com	日光市藤原 東武鉄道鬼怒川公園駅から徒歩約5分 日光宇都宮道路今市ICから約15キロ
	湯西川温泉	金運 **恋愛運** **人間関係運** **仕事運** **健康運** **浄化** **修復・回復** 成長・発展 美肌・女性らしさup 活性化・生命力up	単純温泉	創傷、リウマチ、神経痛	日光市観光協会 http://www.nikko-kankou.org	日光市湯西川 野岩鉄道湯西川温泉駅からバスで約35分 東北自動車道宇都宮ICから約70キロ
群馬	尻焼温泉	**金運** 恋愛運 **人間関係運** **仕事運** **健康運** **浄化** **修復・回復** 成長・発展 美肌・女性らしさup 活性化・生命力up	硫酸塩泉	皮膚病、創傷、婦人病、リウマチ、高血圧、痔	中之条町観光協会 http://www.nakanojo-kanko.jp	吾妻郡中之条町 JR長野原草津口駅からバスで約35分、徒歩10分 関越自動車道渋川伊香保ICから約56キロ
	猿ヶ京温泉	**金運** 恋愛運 **人間関係運** 仕事運 **健康運** **浄化** **修復・回復** 成長・発展 美肌・女性らしさup 活性化・生命力up	硫酸塩泉	疲労回復、皮膚病、火傷、創傷、打ち身、運動機能障害、痔、捻挫、五十肩、筋肉痛、関節痛、冷え性、痛風、婦人病、神経痛、便秘、循環器障害、糖尿病、気管支炎、病後回復、虚弱体質、健康増進	猿ヶ京温泉観光情報協会 http://sarugakyo-navi.jp	利根郡みなかみ町猿ヶ京 JR上毛高原駅からバスで約30分、下車徒歩5分 関越自動車道月夜野ICから約12キロ
	水上温泉	**金運** **恋愛運** **人間関係運** **仕事運** **健康運** **浄化** **修復・回復** 成長・発展 美肌・女性らしさup 活性化・生命力up	単純温泉 硫酸塩泉	疲労回復、皮膚病、火傷、創傷、打ち身、運動機能障害、痔、捻挫、五十肩、筋肉痛、関節痛、冷え性、婦人病、神経痛、循環器障害、胃腸病、病後回復、虚弱体質、健康増進	水上温泉旅館共同組合 http://www.minakami-onsen.com/	利根郡みなかみ町 JR上毛高原駅からバスで15分 関越自動車道水上ICから約6キロ

	温泉名	得られる運気	泉質	効能	お問合せ	アクセス
群馬	万座温泉	金運、恋愛運、人間関係運、仕事運、健康運、浄化、修復・回復、成長・発展、美肌・女性らしさup、活性化・生命力up	硫黄泉 酸性泉	皮膚病、婦人病、胃腸病 ほか	万座温泉観光協会 https://www.manzaonsen.gr.jp/	吾妻郡嬬恋村万座温泉 / JR万座・鹿沢口駅からバスで約40分 / 上信越自動車道碓氷軽井沢ICから約63キロ
静岡	修善寺温泉	金運、恋愛運、人間関係運、仕事運、健康運、浄化、修復・回復、成長・発展、美肌・女性らしさup、活性化・生命力up	単純温泉	疲労回復、運動機能障害、打ち身、捻挫、五十肩、筋肉痛、関節痛、冷え性、神経痛、痔、病後回復、健康増進 ほか	修善寺温泉旅館協同組合 http://shuzenji.info	伊豆市修善寺 / 伊豆箱根鉄道修善寺駅からバスで約8分 / 東名高速道路沼津ICから約25キロ
	雲見《くもみ》温泉	金運、恋愛運、人間関係運、仕事運、健康運、浄化、修復・回復、成長・発展、美肌・女性らしさup、活性化・生命力up	塩化物泉	創傷、リウマチ、神経痛 ほか	西伊豆・雲見温泉観光協会 http://kumomikankou.com	賀茂郡松崎町雲見 / 伊豆急下田駅からバスで約110分 / 東名高速道路沼津ICから約110分
	熱川温泉	金運、恋愛運、人間関係運、仕事運、健康運、浄化、修復・回復、成長・発展、美肌・女性らしさup、活性化・生命力up	塩化物泉	皮膚病、リウマチ、神経痛、胃腸病、冷え性 ほか	熱川温泉観光協会 http://www.atagawa.net/	加茂郡東伊豆町 / 伊豆急伊豆熱川駅下車 / 東名高速道路厚木ICから小田原厚木道路経由で約100キロ
長野	奥蓼科温泉	金運、恋愛運、人間関係運、仕事運、健康運、浄化、修復・回復、成長・発展、美肌・女性らしさup、活性化・生命力up	含鉄泉、硫黄泉 酸性泉	皮膚病、創傷、婦人病、リウマチ、神経痛、胃腸病	奥蓼科温泉郷 渋・辰野館 http://www.sib-tatu.com/	茅野市豊平 / JR中央本線茅野駅からバスで約50分 / 中央自動車道諏訪ICから約21キロ
	葛《くず》温泉	金運、恋愛運、人間関係運、仕事運、健康運、浄化、修復・回復、成長・発展、美肌・女性らしさup、活性化・生命力up	単純温泉	疲労回復、皮膚病、運動機能障害、打ち身、捻挫、痔、五十肩、筋肉痛、関節痛、冷え性、神経痛、病後回復、健康増進	大町市旅館業組合 http://www.kanko-omachi.gr.jp/hot_spring/#kuzu	大町市平 / JR大糸線信濃大町駅から車で約25分 / 長野自動車道安曇野ICから約40キロ

	温泉名	得られる運気	泉質	効能	お問合せ	アクセス
長野	上高地温泉	金運、**恋愛運**、**人間関係運**、**仕事運**、**健康運**、**浄化**、**修復・回復**、成長・発展、美肌・女性らしさup、活性化・生命力up	単純温泉	皮膚病、疲労回復、運動機能障害、胃腸病　ほか	上高地観光旅館組合 http://www.kamikochi.or.jp/facilities/bathe/	松本市安曇 アルピコ交通新島々駅からバスで上高地バスターミナルまで約65分 長野自動車道松本ICから沢渡駐車場約60分、バスに乗り換え約65分
	小谷《おたり》温泉	金運、**恋愛運**、人間関係運、仕事運、**健康運**、**浄化**、修復・回復、成長・発展、**美肌・女性らしさup**、活性化・生命力up	炭酸水素塩泉	神経痛、リウマチ、冷え性、創傷、火傷、皮膚病　ほか	小谷村観光連盟 http://www.vill.otari.nagano.jp/	北安曇郡小谷村中土 JR南小谷駅からバスで約36分 長野自動車道安曇野ICから約75キロ
	中房《なかぶさ》温泉	**金運**、**恋愛運**、**人間関係運**、**仕事運**、**健康運**、**浄化**、**修復・回復**、成長・発展、美肌・女性らしさup、活性化・生命力up	単純温泉 硫黄泉	リウマチ、痛風、胃腸病、腎臓病	中房温泉 http://www.nakabusa.com	安曇野市穂高 JR穂高駅からバスで約40分 長野自動車道安曇野ICから約20キロ
	扉温泉	金運、**恋愛運**、**人間関係運**、**仕事運**、**健康運**、**浄化**、**修復・回復**、成長・発展、美肌・女性らしさup、活性化・生命力up	単純温泉	創傷、婦人病、リウマチ、神経痛、胃腸病、便秘、病後回復	松本観光コンベンション協会 http://www.city.matsumoto.nagano.jp/	松本市入山辺 JR松本駅から車で約30分 長野自動車道松本ICから約40キロ
新潟	湯沢温泉	**金運**、**恋愛運**、**人間関係運**、**仕事運**、**健康運**、**浄化**、**修復・回復**、成長・発展、美肌・女性らしさup、活性化・生命力up	単純温泉 硫黄泉	五十肩、痔病、筋肉痛、冷え性、神経痛　ほか	湯沢町観光協会 http://www.e-yuzawa.gr.jp/	南魚沼郡湯沢町大字湯沢 JR越後湯沢駅下車 関越自動車道湯沢ICから約2キロ
	貝掛温泉	金運、恋愛運、**人間関係運**、**仕事運**、健康運、**浄化**、修復・回復、成長・発展、美肌・女性らしさup、活性化・生命力up	塩化物泉	眼病、火傷、創傷、神経痛、腰痛	貝掛温泉 http://www.kaikake.jp	南魚沼郡湯沢町三俣 JR越後湯沢駅からバスで約25分、徒歩9分 関越自動車道湯沢ICから約12キロ

地域	温泉名	得られる運気	泉質	効能	お問合せ	アクセス
富山	大牧《おおまき》温泉	**金運** 恋愛運 **人間関係運** **仕事運** **健康運** **浄化** **修復・回復** 成長・発展 美肌・女性らしさup 活性化・生命力up	硫酸塩泉	疲労回復、皮膚病、火傷、創傷、捻挫、運動機能障害、打ち身、五十肩、筋肉痛、関節痛、冷え性、婦人病、痔、神経痛、病後回復、虚弱体質、健康増進	大牧温泉観光旅館 http://www.oomaki.jp/	南砺市利賀村大牧 JR高岡駅からバスで約75分、小牧ダム下車、遊覧船で約30分 北陸自動車道砺波ICから約11キロ小牧ダムから舟で約30分
三重	榊原温泉	金運 **恋愛運** **人間関係運** **仕事運** **健康運** **浄化** **修復・回復** 成長・発展 美肌・女性らしさup 活性化・生命力up	単純温泉	疲労回復、皮膚病、婦人病、リウマチ、神経痛、糖尿病 ほか	榊原温泉振興協会 http://www.sakakibaraonsen.gr.jp	津市榊原町 近鉄線榊原温泉口駅からバスで約15分 伊勢自動車道久居ICから約13キロ
和歌山	那智勝浦温泉	**金運** 恋愛運 人間関係運 仕事運 健康運 **浄化** 修復・回復 成長・発展 美肌・女性らしさup 活性化・生命力up	硫黄泉	リウマチ、神経痛 ほか	那智勝浦町観光協会 https://www.nachikan.jp	東牟婁郡那智勝浦町 JR紀勢本線紀伊勝浦駅下車 紀伊勢自動車道尾鷲北ICから約75分
	龍神温泉	金運 **恋愛運** 人間関係運 仕事運 **健康運** **浄化** 修復・回復 成長・発展 **美肌・女性らしさup** 活性化・生命力up	炭酸水素塩泉	皮膚病、火傷、創傷、筋肉痛、関節痛、リウマチ、神経痛、胃腸病	龍神観光協会 http://www.ryujin-kanko.jp	田辺市龍神村 JR紀伊田辺駅からバスで約76分 海南湯浅道路吉備ICから約76キロ
奈良	十津川温泉郷	金運 **恋愛運** 人間関係運 仕事運 **健康運** **浄化** 修復・回復 成長・発展 **美肌・女性らしさup** 活性化・生命力up	炭酸水素塩泉	火傷、創傷、リウマチ	十津川村観光協会 http://totsukawa.info/	吉野郡十津川村 JR新宮駅からバスで約120分 西名阪自動車道柏原ICから約120キロ
兵庫	湯村温泉	金運 **恋愛運** **人間関係運** **仕事運** 健康運 **浄化** **修復・回復** 成長・発展 **美肌・女性らしさup** 活性化・生命力up	単純温泉、炭酸水素塩泉	関節痛、婦人病、リウマチ、神経痛、胃腸病	湯村温泉観光協会 http://www.yumura.gr.jp	美方郡新温泉町湯 JR浜坂駅からバスで約20分 播但連絡道路和田山ICから約66キロ

県	温泉名	得られる運気	泉質	効能	お問合せ	アクセス
岡山	奥津温泉	金運、**恋愛運**、**人間関係運**、**仕事運**、**健康運**、**浄化**、**修復・回復**、成長・発展、美肌・女性らしさup、活性化・生命力up	単純温泉	神経痛、筋肉痛、関節痛、五十肩、運動機能障害、打ち身、捻挫、痔、病後回復、疲労回復、健康増進、冷え性	奥津温泉観光協会 https://www.mto.ne.jp/okutsuonsenkk/	📍苫田郡鏡野町 🚆JR津山駅から車で約50分 🚗中国自動車道院庄ICから約20キロ
	湯原《ゆばら》温泉	金運、**恋愛運**、**人間関係運**、**仕事運**、**健康運**、**浄化**、**修復・回復**、成長・発展、美肌・女性らしさup、活性化・生命力up	単純温泉	皮膚病、婦人病、リウマチ、神経痛、筋肉痛、関節痛、五十肩、打ち身、冷え性、疲労回復 ほか	湯原観光情報センター http://www.yubara.com	📍真庭市湯原温泉 🚆JR中国勝山駅からバスで約35分 🚗米子自動車道湯原ICから約4キロ
鳥取	岩井温泉	**金運**、恋愛運、**人間関係運**、**仕事運**、**健康運**、**浄化**、**修復・回復**、成長・発展、美肌・女性らしさup、活性化・生命力up	硫酸塩泉	リウマチ、神経痛、循環器障害、便秘	岩美町観光協会 http://www.iwamikanko.org	📍岩美郡岩美町岩井 🚆JR岩見駅からバスで約8分 🚗播但連絡道路和田山ICから約90キロ
島根	温泉津《ゆのつ》温泉	金運、恋愛運、**人間関係運**、**仕事運**、健康運、**浄化**、修復・回復、成長・発展、美肌・女性らしさup、活性化・生命力up	塩化物泉	捻挫、婦人病、高血圧、胃腸病	温泉津町観光協会 http://www2.crosstalk.or.jp/yunotsu/	📍大田市温泉津町温泉津 🚆JR温泉津駅からバスで約5分 🚗浜田自動車道大朝ICから約60キロ
	出雲湯村温泉	金運、**恋愛運**、**人間関係運**、**仕事運**、**健康運**、**浄化**、**修復・回復**、成長・発展、美肌・女性らしさup、活性化・生命力up	単純温泉	皮膚病、創傷、リウマチ、胃腸病、神経痛、筋肉痛、関節痛、五十肩、運動機能障害、打ち身、捻挫、痔、冷え性、病後回復、疲労回復、健康増進	雲南市観光協会 http://www.unnan-kankou.jp	📍雲南市木次町湯村 🚆JR木次線木次駅からバスで約20分 🚗中国自動車道東城ICから約70キロ
山口	長門湯本温泉	金運、**恋愛運**、**人間関係運**、**仕事運**、**健康運**、**浄化**、**修復・回復**、成長・発展、美肌・女性らしさup、活性化・生命力up	単純温泉	疲労回復、筋肉痛、関節痛、神経痛、健康増進 ほか	長門湯本温泉旅館協同組合 http://yumotoonsen.com	📍長門市深川湯本 🚆JR長門湯本駅から徒歩10分 🚗中国自動車道美祢ICから約20キロ

	温泉名	得られる運気	泉質	効能	お問合せ	アクセス
山口	湯田温泉	金運 **恋愛運** **人間関係運** **仕事運** **健康運** **浄化** **修復・回復** 成長・発展 美肌・女性らしさup 活性化・生命力up	単純温泉	疲労回復、運動機能障害、打ち身、捻挫、痔、五十肩、筋肉痛、関節痛、冷え性、神経痛、病後回復、健康増進　ほか	湯田温泉旅館協同組合 http://www.yudaonsen.com	山口市湯田温泉 JR湯田温泉駅から徒歩で約7分 中国自動車道小郡ICから約7キロ
佐賀	武雄温泉	金運 **恋愛運** **人間関係運** **仕事運** **健康運** **浄化** **修復・回復** 成長・発展 美肌・女性らしさup 活性化・生命力up	単純温泉	疲労回復、打ち身、捻挫、五十肩、筋肉痛、関節痛、婦人病、神経痛、胃腸病	武雄市観光協会 http://www.takeo-kk.net/spa/	武雄市武雄町大字武雄 JR武雄温泉駅からバスで約2分 長崎越自動車道武雄北方ICから約3キロ
	古湯《ふるゆ》温泉	金運 **恋愛運** **人間関係運** **仕事運** **健康運** **浄化** **修復・回復** 成長・発展 美肌・女性らしさup 活性化・生命力up	単純温泉	疲労回復、皮膚病、運動機能障害、打ち身、捻挫、五十肩、筋肉痛、関節痛、冷え性、婦人病、神経痛、痛風、高血圧、痔、病後回復、健康増進　ほか	富士町観光案内所 http://fujikankou.sagafan.jp	佐賀市富士町 JR佐賀駅からバスで約50分 長崎自動車道佐賀大和ICから約20キロ
大分	長湯温泉	金運 **恋愛運** 人間関係運 **仕事運** **健康運** **浄化** 修復・回復 成長・発展 **美肌・女性らしさup** **活性化・生命力up**	二酸化炭素泉 炭酸水素塩泉	疲労回復、冷え症、神経痛、糖尿病、胃腸病、痔　ほか	長湯温泉旅館組合 https://nagayu-onsen.jp	竹田市直入町大字長湯 JR豊後竹田駅からバスで約40分 東九州自動車道大分光吉ICから約30キロ
	筋湯温泉	金運 **恋愛運** **人間関係運** **仕事運** **健康運** **浄化** **修復・回復** 成長・発展 美肌・女性らしさup 活性化・生命力up	単純温泉 塩化物泉	疲労回復、皮膚病、創傷、運動機能障害、打ち身、捻挫、痔、五十肩、筋肉痛、貧血、関節痛、冷え性、便秘、婦人病、不妊症、更年期障害、リウマチ、神経痛、病後回復、胃腸病、健康増進　ほか	九重町観光協会 http://www.kokonoe-k.com	玖珠郡九重町湯坪 JR久大本線豊後中村駅からバスで約55分 大分自動車道九重ICから
熊本	杖立《つえたて》温泉	金運 恋愛運 **人間関係運** **仕事運** 健康運 **浄化** 修復・回復 成長・発展 美肌・女性らしさup 活性化・生命力up	塩化物泉	疲労回復、皮膚病、美肌、火傷、創傷、運動機能障害、打ち身、捻挫、五十肩、筋肉痛、関節痛、冷え性、リウマチ、神経痛、痔、病後回復、健康増進　ほか	杖立温泉観光協会 https://tsuetate-onsen.com/	阿蘇郡小国町下城 JR日田駅からバスで約50分 大分自動車道日田ICから約30キロ

	温泉名	得られる運気	泉質	効能	お問合せ	アクセス
熊本	満願寺温泉	金運、**恋愛運**、**人間関係運**、**仕事運**、**健康運**、**浄化**、**修復・回復**、成長・発展、美肌・女性らしさup、活性化・生命力up	単純温泉	胃腸病　ほか	南小国町観光協会 http://www.minamioguni.com/manganji	阿蘇郡南小国町 西鉄天神高速バスターミナルから高速バスで満願寺入口下車 大分自動車道日田ICから約70分
	山鹿《やまが》温泉	金運、**恋愛運**、**人間関係運**、**仕事運**、**健康運**、**浄化**、**修復・回復**、成長・発展、美肌・女性らしさup、活性化・生命力up	単純温泉	疲労回復、筋肉痛、関節痛、冷え性、リウマチ、痔、神経痛　ほか	山鹿温泉観光協会 http://www.y-kankoukyoukai.com	山鹿市山鹿 JR玉名駅からバスで約35分 九州自動車道菊水ICから約10キロ
	阿蘇内牧《うちのまき》温泉	**金運**、恋愛運、**人間関係運**、**仕事運**、**健康運**、**浄化**、**修復・回復**、成長・発展、美肌・女性らしさup、活性化・生命力up	硫酸塩泉	創傷、リウマチ、神経痛	阿蘇温泉観光旅館協同組合 http://onsen.aso.ne.jp	阿蘇市 JR阿蘇駅からバスで約15分 九州自動車道熊本ICから約30キロ
長崎	小浜《おばま》温泉	金運、恋愛運、**人間関係運**、**仕事運**、健康運、**浄化**、修復・回復、成長・発展、美肌・女性らしさup、活性化・生命力up	塩化物泉	婦人病、リウマチ、神経痛、貧血	小浜温泉観光協会 http://www.obama.or.jp	雲仙市小浜町北本町 JR長崎本線諫早駅からバスで約50分 長崎自動車道諫早ICから約32キロ
鹿児島	栗野岳《くりのだけ》温泉	**金運**、恋愛運、人間関係運、仕事運、健康運、**浄化**、修復・回復、成長・発展、美肌・女性らしさup、**活性化・生命力up**	含鉄泉、硫黄泉、酸性泉	皮膚病、婦人病、神経痛、胃腸病	栗野岳温泉南洲館 http://www3.synapse.ne.jp/nanshuhkan/	姶良郡湧水町木場 JR栗野駅からバスで約20分 九州自動車道栗野ICから約6キロ

10 旅行風水の基本

旅行風水とは？

旅行風水とは、風水の開運法のひとつ。自分が住んでいる土地から離れて別の土地に出かけることで、「今の自分に不足している運を取りに行く」というものです。

もともと、風水とは、自分の生活すべてを使って運を開いていくもの。衣食住はもちろんのこと、行動や考え方など、自分の身の回りの環境を風水の理論に合わせて整えていけば、自然に物事や人生がよい方向に向かって進むようになるというのが、風水の考え方です。そのなかでも旅行風水は「行動」にあたる「木」の気をもち、最も即効性がある開運法。今すぐ運気を上げたい人にはおすすめの風水です。

また、風水では、運は待つものではなく、自分から動くことで鍛えられるものだとされていますが、そのセオリーに最も合致しているのが旅行風水。旅行風水を実践し、自分から動いて運を取りに行くことで、運気の滞りがなくなり、運気が鍛えられて、自然に幸運体質になっていきます。

吉方位と凶方位

旅行風水で最も大切なのは、方位です。方位にはそれぞれ異なる運気がある（167ページ参照）ので、自分がほしい運をもつ方位に出かけるのが最も効果的。ただし、その方位が自分にとってよい運気をもたらしてくれる方位（吉方位）か、逆に悪い運気をもたらす方位（凶方位）かということもきちんとチェックしておく必要があります。行きたい場所が吉方位の場合は、追い風に乗って進むようなもの。道中は何の苦労もせず、目的地に着いてからも楽しく過ごすことができます。でも凶方位の場合は、激しい向かい風に逆らって歩くのと同じこと。ちっとも楽しくないばかりか、体力や気力が消耗し、運気も下がってしまいます。

吉方位、凶方位は、その人の生年月日から割り出される本命星によって決まり、毎月変わります。ですから、旅行のプランを立てるときは、まず方位を調べ、自分の吉方位にあたる場所を行き先に選ぶようにしましょう。

なお、自分の住んでいる家から35キロ圏内であれば、方位の気は影響しません。また、生まれ育った実家も「自分の土地」と見なされるため、凶方位の影響を受けることはありません。

（※本命星早見表は170ページ、吉方位一覧表は171～179ページ参照）

旅行風水の効果の表れ方

旅行風水には「4、7、10、13の法則」というものがあります。これは、旅行に出かけた場合、その効果が4、7、10、13カ月目、4、7、10、13年目のいずれかに表れるというものです（4、7、10、13日目に効果が表れる方法もあるのですが、これは効果が小さく、日の選び方も難しいのでここでは省きます）。

最もおすすめなのは、効果が「月」で表れるもの。最もわかりやすく、効果を実感しやすいのがこの使い方です。

「年」は効果が出るまでの時間が長いのが難点ですが、その分、絶大な効果が期待できるので、「月」と合わせて使うのがおすすめ。本書の吉方位表（171～179ページ）では、月の吉方位は☽、年の吉方位は☆、月と年、両方の効果が得られる大吉方位は◎で表記しています。◎に合わせて出かけると、月の効果を実感しながら、年の効果が出るのを待つことができますよ。

2人以上で旅行する場合

友人や家族など、誰かと一緒に出かける場合は、全員にとって吉方位である場所に出かけるのが理想ですが、人数が多いと、なかなかそうもいきません。

もし、家族で出かけるなら、その家の主人の吉方位に合わせるのがベスト。「家族」という団体で出かける場合、その家の主人が吉方位であれば、そのほかの人は凶意を受けづらくなるからです。なお、この場合の「主人」とは、その家の財政を支えている人を指します。

結婚前のカップルや友人同士で出かける場合は、できるだけ全員の吉方位を選びましょう。母と娘の2世代旅行の場合も同じです。

それが難しいときは、吉方位表で△になっている方位か、無印でもその年に◎のある方位を選ぶといいでしょう。

【各方位がもつ基本的な運気】

方位にはそれぞれ異なる運気があるので、
自分がほしい運をもった方位が
自分にとって吉方位になったときに出かけるのがベスト。
方位のもつ運気には、基本の運気と、
年ごとに各方位に回ってくる星の運気があります。
ここでは、旅行風水のベースとなる
各方位の基本的な運気をご紹介します。

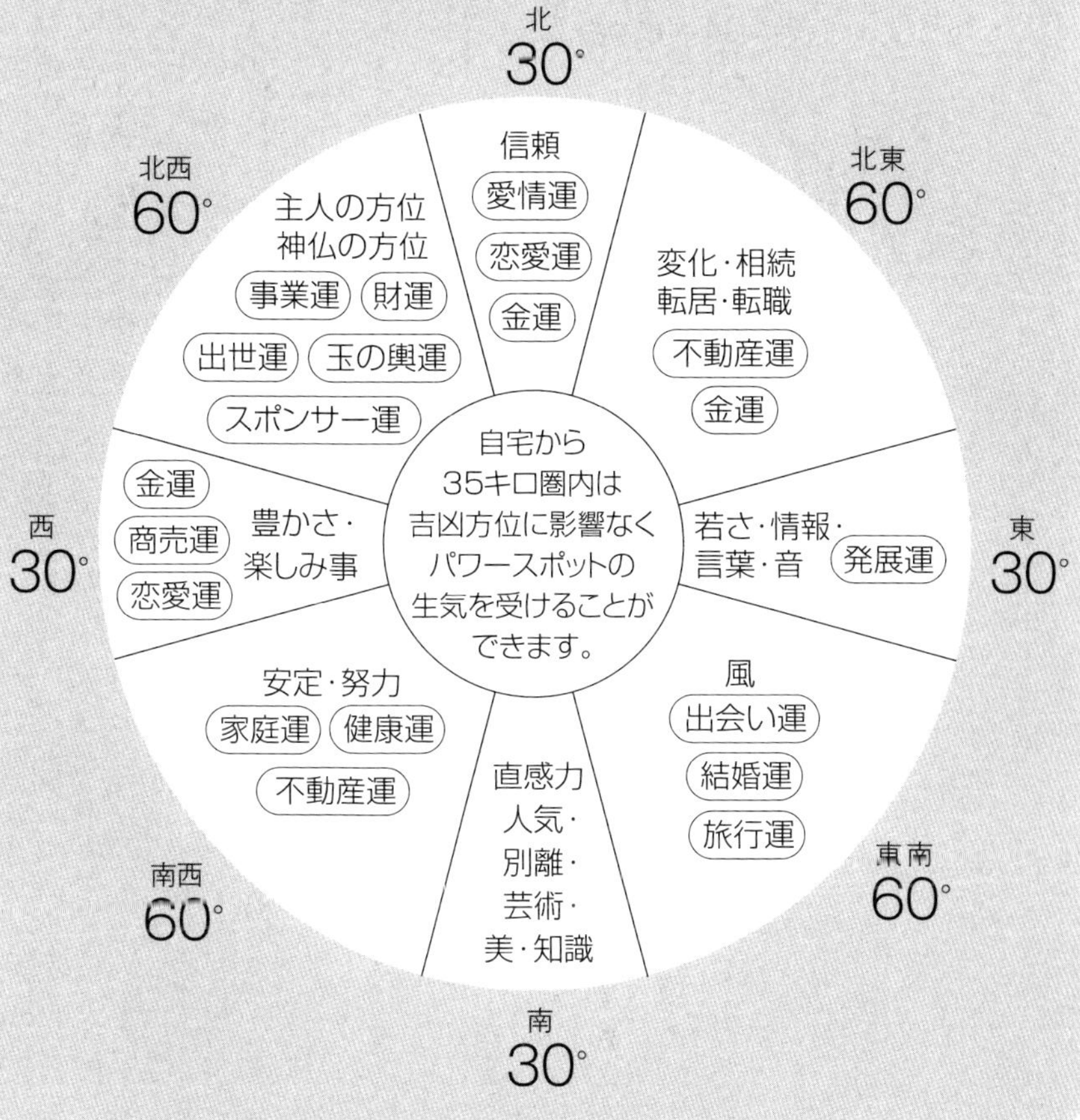

方位の測り方と西偏角度

旅行風水の基本となる方位は、自宅を基点にして割り出します。大判の日本地図に方位を書き込んだ「方位マップ」を作っておくと便利です。

まず、自宅のある場所に印をつけます。次に方位を書き入れますが、地図上の真北ではなく、そこからやや西に傾いた磁北を「北」とすることを忘れずに。真北と磁北のずれを「西偏角度」といい、場所によって角度が異なります。主な都市の西偏角度は左ページの表を参照してください。その他の都市の西偏角度は、国土地理院のウェブサイト(http://www.gsi.go.jp/)で調べられます。

さらに、北を基準にしてほかの方位を割り出します。各方位の幅は、北、東、南、西は各30度、北東、南東、南西、北西は各60度と、方位によって異なるので要注意。地図上の東西南北と混同しないよう、サインペンなどで書くことをおすすめします。最後に、自宅から35キロの範囲にコンパスで印をつけて完成です。

下の図は、東京を基点にした場合の方位マップ。東京の西偏角度は7°40'なので、地図上の真北から7°40'西に傾けたところを風水上の北とし、それを基準にして、ほかの方位を割り出します。

●主な都市の西偏角度

札幌	9°30'	名古屋	7°40'
函館	9°00'	岐阜	7°40'
青森	8°20'	京都	7°30'
盛岡	8°20'	大阪	7°20'
秋田	8°30'	神戸	7°30'
仙台	8°10'	和歌山	7°20'
山形	7°10'	鳥取	9°00'
福島	7°40'	岡山	7°30'
水戸	7°20'	広島	7°30'
前橋	7°40'	下関	7°40'
東京	7°20'	高知	7°20'
横浜	7°20'	福岡	7°20'
甲府	6°20'	長崎	6°50'
松本	7°30'	大分	7°10'
新潟	8°20'	宮崎	6°40'
金沢	8°00'	鹿児島	6°40'
静岡	6°50'	那覇	5°00'

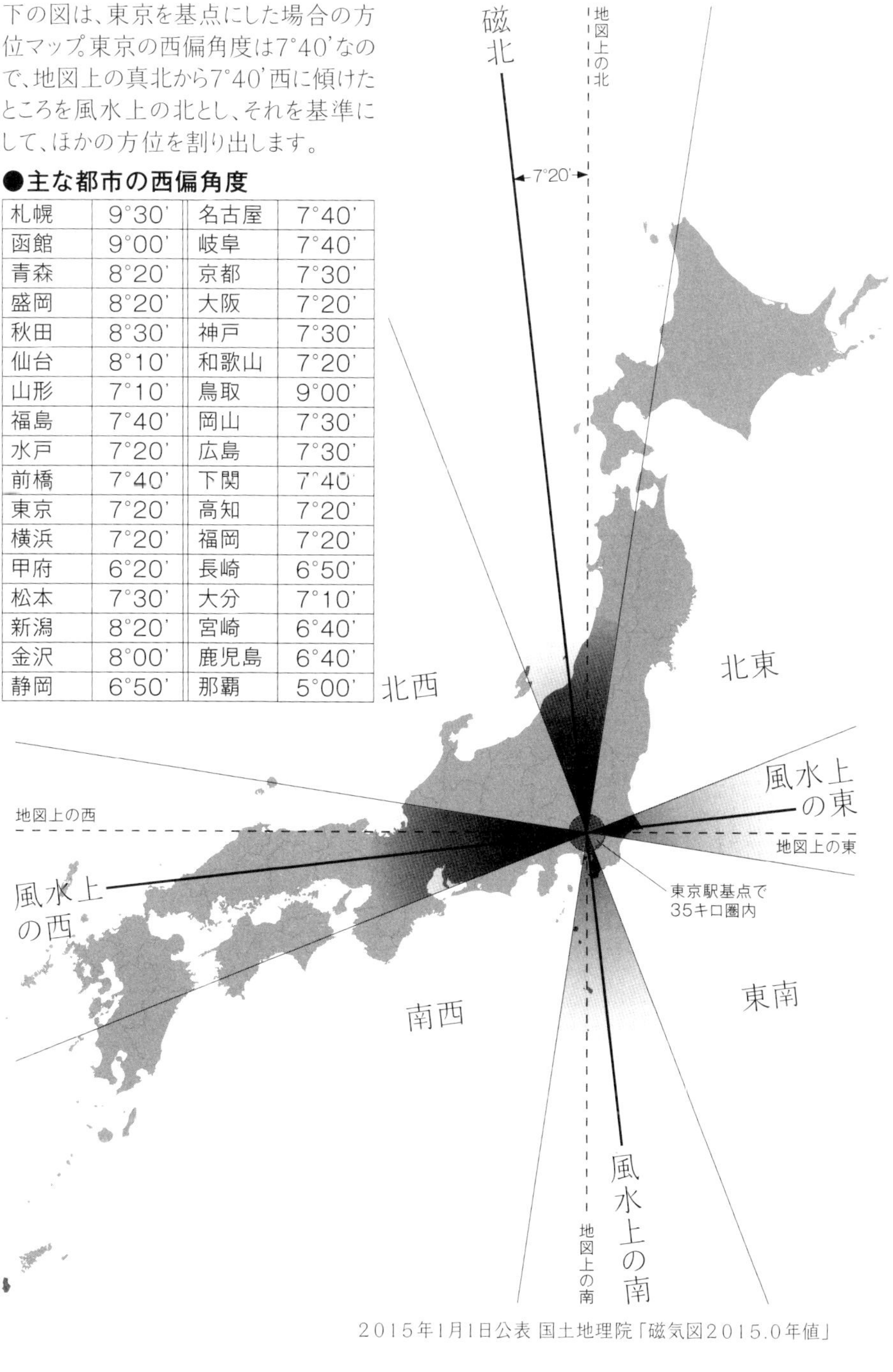

2015年1月1日公表 国土地理院「磁気図2015.0年値」

吉方位表の使い方

吉方位は、生年月日から割り出す本命星で調べます。年や月で吉方位は変わるので、旅行に出かける場合は必ず自分の吉方位を確認しましょう。なお、各月は月替わりの日から始まり、翌月の月替わりの前日までを一ヵ月とします。また、13歳未満のお子さんの場合、本命星を使うと効果が表れるのが13歳以降になってしまうので、基本的に月命星を使うことをおすすめしています。

【本命星早見表】

一白水星	二黒土星	三碧木星	四緑木星	五黄土星	六白金星	七赤金星	八白土星	九紫火星
昭和11年生	昭和10年生	昭和18年生	昭和17年生	昭和16年生	昭和15年生	昭和14年生	昭和13年生	昭和12年生
昭和20年生	昭和19年生	昭和27年生	昭和26年生	昭和25年生	昭和24年生	昭和23年生	昭和22年生	昭和21年生
昭和29年生	昭和28年生	昭和36年生	昭和35年生	昭和34年生	昭和33年生	昭和32年生	昭和31年生	昭和30年生
昭和38年生	昭和37年生	昭和45年生	昭和44年生	昭和43年生	昭和42年生	昭和41年生	昭和40年生	昭和39年生
昭和47年生	昭和46年生	昭和54年生	昭和53年生	昭和52年生	昭和51年生	昭和50年生	昭和49年生	昭和48年生
昭和56年生	昭和55年生	昭和63年生	昭和62年生	昭和61年生	昭和60年生	昭和59年生	昭和58年生	昭和57年生
平成2年生	平成元年生	平成9年生	平成8年生	平成7年生	平成6年生	平成5年生	平成4年生	平成3年生
平成11年生	平成10年生	平成18年生	平成17年生	平成16年生	平成15年生	平成14年生	平成13年生	平成12年生

※元旦（1月1日）から節分（2月3日か4日）までに生まれた人は前年の九星となります。

【子どもの月命星早見表】

九星／年	一白水星	二黒土星	三碧木星	四緑木星	五黄土星	六白金星	七赤金星	八白土星	九紫火星
2007年生	3/6～、12/7～	2/4～、11/8～	1/6～、10/9～	9/8～	8/8～	7/7～	6/6～	5/6～	4/5～
2008年生	9/7～	8/7～	7/7～	6/5～	5/5～	4/4～	3/5～、12/7～	2/4～、11/7～	1/6～、10/8～
2009年生	6/5～	5/5～	4/5～	3/5～、12/7～	2/4～、11/7～	1/5～、10/8～	9/7～	8/7～	7/7～
2010年生	3/6～、12/7～	2/4～、11/7～	1/5～、10/8～	9/8～	8/7～	7/7～	6/6～	5/5～	4/5～
2011年生	9/8～	8/8～	7/7～	6/6～	5/6～	4/5～	3/6～、12/7～	2/4～、11/8～	1/6～、10/9～
2012年生	6/5～	5/5～	4/4～	3/5～、12/7～	2/4～、11/7～	1/6～、10/8～	9/7～	8/7～	7/7～
2013年生	3/5～、12/7～	2/4～、11/7～	1/5～、10/8～	9/7～	8/7～	7/7～	6/5～	5/5～	4/5～
2014年生	9/8～	8/7～	7/7～	6/6～	5/5～	4/5～	3/6～、12/7～	2/4～、11/7～	1/5～、10/8～
2015年生	6/6～	5/6～	4/5～	3/6～、12/7～	2/4～、11/8～	1/6～、10/8～	9/8～	8/8～	7/7～
2016年生	3/5～、12/7～	2/4～、11/7～	1/6～、10/8～	9/7～	8/7～	7/7～	6/5～	5/5～	4/4～
2017年生	9/7～	8/7～	7/7～	6/5～	5/5～	4/4～	3/5～、12/7～	2/4～、11/7～	1/5～、10/8～
2018年生	6/6～	5/5～	4/5～	3/6～、12/7～	2/4～、11/7～	1/5～、10/8～	9/8～	8/7～	7/7～
2019年生	3/6～、12/7～	2/4～、11/8～	1/6～、10/8～	9/8～	8/8～	7/7～	6/6～	5/6～	4/5～

※子ども（13歳未満）の月命星は生年月日から調べます。

一白水星の吉方位

2022年

方位	北	北東	東	東南	南	南西	西	北西
1月		☽						
2月			☆				◎	
3月		☽	☆	☆				☆
4月		☽	◎				☆	
5月				◎				
6月				◎				☆
7月			◎				☆	
8月			◎	◎			◎	◎
9月							◎	
10月		☽						◎
11月			☆				◎	
12月		☽	☆	☆			◎	☆

2023年

方位	北	北東	東	東南	南	南西	西	北西
1月		☽	◎				☆	
2月	☽				☽			
3月	☽				△			
4月			☽					
5月			☽					
6月			△		△			
7月	△				☽			
8月	☽		△		☽			
9月								
10月			☽					
11月	☽				☽			
12月	☽							

2024年

方位	北	北東	東	東南	南	南西	西	北西
1月			☽					
2月		☆		☽				
3月	△				☆			
4月	△	◎		△	◎	△		
5月	☽				◎			
6月		◎		△		☽		
7月						☽		
8月	☽			☽	◎			
9月	☽			☽	☆			
10月		☆				☽		
11月		☆				△		
12月	△							

2019年

方位	北	北東	東	東南	南	南西	西	北西
1月		◎						
2月	◎				◎			
3月								△
4月								
5月	◎				◎			
6月					☆			△
7月								
8月								☽
9月	☆				☆			
10月	☆				◎			☽
11月	◎				◎			
12月								△

2020年

方位	北	北東	東	東南	南	南西	西	北西
1月								
2月	◎			◎				△
3月	◎			◎				△
4月								
5月				◎				
6月								
7月	☆			☆				☽
8月	◎							
9月				☆				△
10月								
11月	◎							△
12月	◎			◎				△

2021年

方位	北	北東	東	東南	南	南西	西	北西
1月								
2月		△	◎				☽	
3月			☆					
4月		☽						
5月			☆				☽	
6月		☽	☆				☽	
7月			◎				△	
8月								
9月								
10月		△	◎				△	
11月		△	◎				☽	
12月			☆				☽	

☽：月の吉方位／☆：年の吉方位／◎：年と月の吉方位が重なる大吉方位／△：効果も凶意もない方位／無印：凶方位

二黒土星の吉方位

2022年

方位	北	北東			南	南西	西	北西
1月		◎						
2月	☽				◎		☆	☆
3月								
4月								
5月	△				☆		☆	
6月								◎
7月							◎	
8月	△				◎		◎	◎
9月	☽				◎			
10月	☽				◎			
11月	☽				◎		☆	☆
12月							☆	

2023年

方位	北	北東	東	東南	南	南西	西	北西
1月				☽				☆
2月	☆				☆			
3月		☆				△		
4月		◎				△		
5月	☆				◎			
6月		◎			◎	△		
7月	◎				◎	☽		
8月	◎				◎			
9月		☆				☽		
10月		☆				☽		
11月	☆				☆			
12月		☆				△		

2024年

方位	北	北東	東	東南	南	南西	西	北西
1月		◎						
2月	☆				◎			
3月	◎	◎			◎	☆		
4月	◎	◎			◎	◎		
5月	◎				◎			
6月		☆				◎		
7月						◎		
8月	☆				☆			
9月		☆				☆		
10月		◎				☆		
11月	☆				◎			
12月	◎	◎				☆		

2019年

方位	北	北東	東	東南	南	南西	西	北西
1月		☽						
2月	☽		◎		☽		△	☆
3月			◎					
4月								
5月	△		◎		△		△	
6月								◎
7月			☆				☽	
8月	△		☆		☽		☽	◎
9月	☽				☽			
10月	☽				☽			
11月	☽		◎		☽		△	☆
12月			◎				△	

2020年

方位	北	北東	東	東南	南	南西	西	北西
1月								☆
2月				◎				◎
3月		△		◎		△		◎
4月		☽				△		
5月				☆				
6月		☽				△		
7月						☽		
8月				☆				☆
9月		△				☽		
10月		△				☽		☆
11月								◎
12月		△		◎		△		◎

2021年

方位	北	北東	東	東南	南	南西	西	北西
1月		☽						
2月			△				◎	
3月		◎						
4月		◎						
5月			☽				☆	
6月		☆	☽				☆	
7月								
8月			☽				☆	
9月		☆						
10月		◎	△				◎	
11月			△				◎	
12月		◎						

三碧木星の吉方位

2022年

方位	北	北東	東	東南	南	南西	西	北西
1月	△							
2月	☆				☆			
3月		☽		◎				△
4月				☆				
5月				☆				
6月		☽		☆				△
7月	☆				◎			
8月	◎			◎	◎			△
9月	◎	△			☆			
10月	☆	△			☆			☽
11月	☆				☆			
12月		☽		◎				△

2023年

方位	北	北東	東	東南	南	南西	西	北西
1月				☆				☽
2月			△					
3月		☽				◎		
4月	☆		☽		☽			
5月	◎	△			☽	☆		
6月		△	△		△	◎		
7月	☆				△	◎		
8月	☆		☽		△			
9月		☽				☆		
10月			△					
11月			△					
12月		☽				◎		

2024年

方位	北	北東	東	東南	南	南西	西	北西
1月	☆		☽		☽			
2月	☽	△		☽	☽			
3月	☽	△			△	◎		
4月	△	△		△	△	◎		
5月	△				△			
6月		☽		☽		☆		
7月				△				
8月				△				
9月		☽		△		◎		
10月	△				☽			
11月	☽	△			☽	☆		
12月	☽	△				◎		

2019年

方位	北	北東	東	東南	南	南西	西	北西
1月								◎
2月			☽				◎	
3月								☆
4月			△				☆	
5月			△				◎	
6月								☆
7月			☽				☆	
8月								☆
9月							☆	
10月								◎
11月			☽				◎	
12月								☆

2020年

方位	北	北東	東	東南	南	南西	西	北西
1月			△				☆	◎
2月				△				☽
3月		◎		△		◎		△
4月								
5月		☆		☽		☆		
6月		☆				◎		
7月				△		◎		☽
8月								
9月		◎		☽		☆		△
10月								☽
11月								☽
12月		◎		△		◎		△

2021年

方位	北	北東	東	東南	南	南西	西	北西
1月								
2月	☽				◎			
3月	☽		☆		☆			
4月	△				☆			
5月	△		◎		☆		☽	
6月								
7月			☆				△	
8月			☆				☽	
9月								
10月	△		◎		◎		△	
11月	☽				◎			
12月	☽		☆				△	

☽：月の吉方位／☆：年の吉方位／◎：年と月の吉方位が重なる大吉方位／△：効果も凶意もない方位／無印：凶方位

四緑木星の吉方位

2022年

方位	北	北東	東	東南	南	南西	西	北西
1月	△	☆			☆			
2月	☆				☆			
3月			☆					
4月		☽	☆				△	
5月			☆				☽	
6月					☆			
7月	☆				◎			
8月	◎		◎		◎		△	
9月	◎	△			☆		△	
10月	☆	△			☆			
11月	☆				☆			
12月			☆				☽	

2023年

方位	北	北東	東	東南	南	南西	西	北西
1月		☽	☆				△	
2月			△					
3月	◎				△			
4月	☆	☽			☽	◎		
5月	◎	△	☽		☽	☆		
6月		△	△		△	◎		
7月	☆				△	◎		
8月	☆				△			
9月								
10月		☽	△			☆		
11月			△					
12月	◎							

2024年

方位	北	北東	東	東南	南	南西	西	北西
1月	☆	☽			☽			
2月	☽	△			☽			
3月	☽	△			△	◎		
4月	△	△			△	◎		
5月	△				△			
6月								
7月						☆		
8月								
9月	☽				△			
10月	△	☽			☽	◎		
11月	☽	△			☽	☆		
12月	☽	△				◎		

2019年

方位	北	北東	東	東南	南	南西	西	北西
1月		☆						
2月								◎
3月			△					☆
4月			△				☆	
5月			△				◎	
6月								☆
7月								
8月			☽				☆	
9月							☆	
10月								
11月								◎
12月			△				◎	☆

2020年

方位	北	北東	東	東南	南	南西	西	北西
1月			△				☆	◎
2月				△				☽
3月	◎			△				△
4月	☆							
5月	◎							
6月								
7月	☆							
8月	☆			☽				☽
9月				☽				△
10月								☽
11月								☽
12月	◎			△				△

2021年

方位	北	北東	東	東南	南	南西	西	北西
1月	☆							
2月	☽	☆			◎			
3月	☽	☆			☆			
4月	△	☆			☆			
5月	△				☆			
6月								
7月								
8月								
9月	☽				☆			
10月	△	◎			◎			
11月	☽	☆			◎			
12月	☽	☆						

五黄土星の吉方位

2022年

方位	北	北東	東	東南	南	南西	西	北西
1月	◎	◎			☽			
2月	☽		☽	△	◎		☆	☆
3月		☆	☽	☽				◎
4月		☆	☽	☽			◎	
5月	△		☽	☽	☆		☆	
6月		☆		☽	◎			◎
7月	☽		△		☆		◎	
8月	△		△	△	◎		◎	◎
9月	☽	◎			◎		◎	
10月	☽	◎			◎			☆
11月	☽		☽		◎		☆	☆
12月		☆	☽	☽			☆	◎

2023年

方位	北	北東	東	東南	南	南西	西	北西
1月		☆	☽	☽			◎	☆
2月	☆		◎		☆			
3月	☆	☆			◎	△		
4月	◎	◎	☆		☆	△		
5月	☆	◎	☆		◎	☽		
6月		◎	◎		◎	△		
7月	◎				◎	☽		
8月	◎		◎		◎			
9月		☆				☽		
10月		☆	◎			☽		
11月	☆		◎		☆			
12月	☆	☆				△		

2024年

方位	北	北東	東	東南	南	南西	西	北西
1月	◎	◎	☆		☆			
2月	☆	◎		☆	◎			
3月	◎	◎			◎	☆		
4月	◎	◎		◎	◎	◎		
5月	◎			☆	◎			
6月		☆		◎		◎		
7月				◎		◎		
8月	☆			◎	☆			
9月	☆	☆		◎	◎	☆		
10月	◎	◎			☆	☆		
11月	☆	◎			◎	◎		
12月	◎	◎				☆		

2019年

方位	北	北東	東	東南	南	南西	西	北西
1月		☽						△
2月	☽		◎		☽		△	☆
3月			◎					◎
4月			◎				☽	
5月	△		◎		△		△	
6月					☽			◎
7月	☽		☆		△		☽	
8月	△		☆		☽		☽	◎
9月	☽				☽		☽	
10月	☽				☽			☆
11月	☽		◎		☽		△	☆
12月			◎				△	◎

2020年

方位	北	北東	東	東南	南	南西	西	北西
1月			◎				☽	☆
2月	△			◎				◎
3月	△	△		◎		△		◎
4月	☽	☽				△		
5月	△	☽		☆		☽		
6月		☽				△		
7月	☽			◎		☽		☆
8月	☽			☆				☆
9月		△		◎		☽		◎
10月		△				☽		☆
11月	△							◎
12月	△	△		◎		△		◎

2021年

方位	北	北東	東	東南	南	南西	西	北西
1月	☽	☽						
2月	☆	◎	△		☽		◎	
3月	◎	◎	☽		☽			
4月	◎	◎			☽			
5月	◎		☽		☽		☆	
6月		☆	☽				☆	
7月			☽				◎	
8月	☆		☽		△		☆	
9月	☆	☆			☽			
10月	◎	◎	△		△		◎	
11月	☆	◎	△		☽		◎	
12月	◎	◎	☽				◎	

☽：月の吉方位／☆：年の吉方位／◎：年と月の吉方位が重なる大吉方位／△：効果も凶意もない方位／無印：凶方位

六白金星の吉方位

2022年

方位	北	北東	東	東南	南	南西	西	北西
1月	◎				◎			
2月			△				☆	
3月		☆	☽					
4月			☽				◎	
5月	☆				△			
6月		◎			☽			
7月	◎		△		☽		◎	
8月	◎		△		△		◎	
9月	☆	◎			☽			
10月	◎				☽			
11月			△				☆	
12月		☆	☽				☆	

2023年

方位	北	北東	東	東南	南	南西	西	北西
1月			☽				◎	
2月	△				☆			
3月	△	◎			◎	☆		
4月	☽	☆			◎	☆		
5月	☽	◎			☆	◎		
6月		◎			◎	◎		
7月	☽				◎			
8月								
9月		☆				◎		
10月								
11月	△				☆			
12月	△	◎				☆		

2024年

方位	北	北東	東	東南	南	南西	西	北西
1月	☽	☆			◎			
2月	◎				☆			
3月	☆				◎			
4月	◎			◎	◎			
5月				◎				
6月				☆				
7月				◎				
8月	☆			◎	☆			
9月	☆				◎			
10月	◎				◎			
11月	◎				☆			
12月	☆							

2019年

方位	北	北東	東	東南	南	南西	西	北西
1月								☆
2月								△
3月								☽
4月								
5月	△				△			
6月					☽			
7月	☽				☽			
8月	☽				△			
9月	△				☽			
10月	☽				☽			△
11月								△
12月								☽

2020年

方位	北	北東	東	東南	南	南西	西	北西
1月								☽
2月	△							
3月	△	◎				△		
4月	☽	☆				△		
5月	☽	◎				☽		
6月		◎				☽		
7月	☽							
8月								
9月		☆				☽		
10月								
11月	△							
12月	△	◎				△		

2021年

方位	北	北東	東	東南	南	南西	西	北西
1月	☽	☆						
2月	◎	☽	△		☆		◎	
3月	☆	☽			◎			
4月	◎				◎			
5月			△				☆	
6月		△	☽				☆	
7月			☽				◎	
8月	☆				☆			
9月	☆	☽			◎			
10月	◎	△	△		◎		◎	
11月	◎	☽	△		☆		◎	
12月	☆	☽						

七赤金星の吉方位

2022年

方位	北	北東	東	東南	南	南西	西	北西
1月		☽						
2月				☽				☆
3月				△				◎
4月		☆		☽				
5月	☆				△			
6月		◎		☽	☽			◎
7月	◎				☽			
8月	◎			△	△			◎
9月	☆				☽			
10月		◎						☆
11月								☆
12月				△				◎

2023年

方位	北	北東	東	東南	南	南西	西	北西
1月		☆		☽				◎
2月	△		◎		☆			
3月	△				◎			
4月	☽		☆		◎			
5月	☽				☆			
6月			◎		◎			
7月								
8月			☆					
9月								
10月								
11月	△		◎		☆			
12月	△							

2024年

方位	北	北東	東	東南	南	南西	西	北西
1月	☽		☆		◎			
2月		◎		☆				
3月								
4月		◎		◎		△		
5月				◎				
6月				☆				
7月				◎		☽		
8月								
9月		◎		◎		△		
10月		☆				△		
11月		◎				☽		
12月								

2019年

方位	北	北東	東	東南	南	南西	西	北西
1月		☽						☆
2月			☆				☆	
3月			◎					
4月								
5月	△		◎		△		◎	
6月					☽			
7月	☽		☆		☽		◎	
8月	☽				△			
9月	△				☽		◎	
10月								
11月			☆				☆	
12月			◎				☆	

2020年

方位	北	北東	東	東南	南	南西	西	北西
1月								
2月	△							
3月	△	◎		◎		△		◎
4月	☽	☆				△		
5月	☽	◎		☆		☽		
6月								
7月				◎		△		☆
8月				◎				☆
9月				☆				◎
10月		☆				☽		◎
11月	△							
12月	△	◎		◎		△		◎

2021年

方位	北	北東	東	東南	南	南西	西	北西
1月	☽	☆						
2月	◎	☽			☆			
3月	☆		☽		◎			
4月		☽						
5月			△				☆	
6月			☽				☆	
7月								
8月	☆		☽		☆		◎	
9月	☆	☽			◎			
10月	◎	△	△		◎		◎	
11月	◎	☽			☆			
12月	☆		☽				◎	

☽：月の吉方位／☆：年の吉方位／◎：年と月の吉方位が重なる大吉方位／△：効果も凶意もない方位／無印：凶方位

八白土星の吉方位

2022年

方位	北	北東	東	東南	南	南西	西	北西
1月		◎						
2月	☽		☽	△	◎		☆	☆
3月				☽				◎
4月			☽				◎	
5月	△		☽	☽	☆		☆	
6月					◎			
7月	☽				☆			
8月	△		△	△	◎		◎	◎
9月							◎	
10月								☆
11月	☽		☽		◎		☆	☆
12月				☽				◎

2023年

方位	北	北東	東	東南	南	南西	西	北西
1月			☽				◎	
2月			◎					
3月		☆				△		
4月		◎				△		
5月			☆					
6月		◎	◎			△		
7月						☽		
8月			◎					
9月		☆				☽		
10月		☆	◎			☽		
11月			◎					
12月		☆				△		

2024年

方位	北	北東	東	東南	南	南西	西	北西
1月		◎						
2月				☆				
3月		◎				☆		
4月		◎		◎		◎		
5月				☆				
6月		☆		◎		◎		
7月						◎		
8月				◎				
9月		☆				☆		
10月		◎				☆		
11月								
12月		◎				☆		

2019年

方位	北	北東	東	東南	南	南西	西	北西
1月		☽						
2月	☽		◎		☽		△	☆
3月								◎
4月			◎				☽	
5月	△		◎		△		△	
6月					☽			
7月	☽				△			
8月	△		☆		☽		☽	◎
9月							☽	
10月								☆
11月	☽		◎		☽		△	☆
12月								◎

2020年

方位	北	北東	東	東南	南	南西	西	北西
1月			◎				☽	
2月	△							
3月	△	△				△		
4月	☽	☽				△		
5月	△							
6月		☽				△		
7月						☽		
8月	☽							
9月		△				☽		
10月		△				☽		
11月	△							
12月	△	△				△		

2021年

方位	北	北東	東	東南	南	南西	西	北西
1月	☽	☽						
2月	☆				☽			
3月		◎						
4月		◎						
5月	◎				☽			
6月		☆						
7月								
8月	☆				△			
9月	☆	☆			☽			
10月	◎	◎			△			
11月	☆				☽			
12月		◎						

九紫火星の吉方位

2022年

方位	北	北東	東	東南	南	南西	西	北西
1月	◎				△			
2月				☆				☽
3月		◎	◎					
4月		◎	☆	◎			☽	
5月			☆				△	
6月		☆		☆				☽
7月			◎				☽	
8月			◎	◎			△	△
9月		☆					△	
10月								☽
11月								☽
12月		◎	◎				☽	

2023年

方位	北	北東	東	東南	南	南西	西	北西
1月		◎	☆	◎			☽	△
2月			☆					
3月		△				☽		
4月			◎					
5月		☽	◎			☽		
6月		△	◎			△		
7月								
8月								
9月		☽				△		
10月		☽	☆			△		
11月			☆					
12月		△				☽		

2024年

方位	北	北東	東	東南	南	南西	西	北西
1月			◎					
2月				◎				
3月								
4月	◎			◎	△			
5月	☆			☆	△			
6月								
7月				◎				
8月	◎				☽			
9月	◎			☆	☽			
10月	◎				△			
11月								
12月								

2019年

方位	北	北東	東	東南	南	南西	西	北西
1月								☽
2月	☆				☆			
3月			☽					
4月			△				☽	
5月	◎		△		◎		△	
6月					◎			
7月	◎		☽		☆		☽	
8月			☽				△	
9月							△	
10月	◎				☆			
11月	☆				☆			
12月			☽				☽	

2020年

方位	北	北東	東	東南	南	南西	西	北西
1月			△				☽	
2月	◎							
3月	◎	△		△		◎		◎
4月	◎							
5月		☽		☽		◎		
6月		△				☆		
7月	◎			☽				◎
8月	☆			△				◎
9月		☽				☆		
10月		☽				☆		☆
11月	◎							
12月	◎	△		△		◎		◎

2021年

方位	北	北東	東	東南	南	南西	西	北西
1月	◎							
2月			◎				☆	
3月			◎					
4月	◎				△			
5月	☆				△			
6月			◎				◎	
7月			☆				◎	
8月	◎		☆		☽		☆	
9月	◎				☽			
10月	◎		◎		△		◎	
11月			◎				☆	
12月			◎				☆	

☽：月の吉方位／☆：年の吉方位／◎：年と月の吉方位が重なる大吉方位／△：効果も凶意もない方位／無印：凶方位

全国の自噴泉をご紹介します

温泉は「生き物」なので、泉源から離れれば離れるほど、成分が劣化したり揮発したりして効果が薄れてしまいます。その点、浴槽のすぐ下から温泉が湧いている自噴泉なら、成分をそのまま吸収できるため、開運効果は大。今ではかなり貴重な存在になっている全国の自噴泉をご紹介します。

都道府県	温泉名	泉質	効能	住所
北海道	**屈斜路湖畔温泉郷**	炭酸水素塩泉	皮膚病、婦人病、運動機能障害、リウマチ、神経痛	弟子屈町
	養老牛温泉	塩化物泉	湿疹、打ち身、腰痛、婦人病、リウマチ、神経痛	標津郡中標津町字養老牛
	然別峡かんの温泉	炭酸水素塩泉、塩化物泉	疲労回復、皮膚病、火傷、創傷、打ち身、捻挫、五十肩、便秘、筋肉痛、関節痛、痔、婦人病、リウマチ、神経痛、糖尿病、肝臓病、病後回復、健康増進 ほか	河東郡鹿追町字然別

都道府県	温泉名	泉質	効能	住所
北海道	**丸駒温泉**	炭酸水素塩泉、塩化物泉、硫酸塩泉	疲労回復、皮膚病、火傷、創傷、打ち身、捻挫、五十肩、痔、筋肉痛、関節痛、冷え性、婦人病、リウマチ、神経痛、病後回復、健康増進	千歳市支笏湖幌美内
	水無海浜温泉	炭酸水素塩泉、塩化物泉	疲労回復、皮膚病、火傷、創傷、打ち身、捻挫、関節痛、婦人病、神経痛、筋肉痛、冷え性、病後回復、健康増進	函館市恵山岬町
青森	**酸ヶ湯温泉**	塩化物泉	疲労回復、皮膚病、火傷、創傷、五十肩、筋肉痛、関節痛、冷え性、婦人病、リウマチ、神経痛、高血圧、糖尿病、胃腸病、便秘、痔、病後回復 ほか	青森市荒川
	谷地温泉	単純温泉、硫黄泉	疲労回復、湿疹、アトピー、関節痛、リウマチ、神経痛、胃腸病 ほか	十和田市大字法量
	蔦温泉	炭酸水素塩泉、塩化物泉	運動機能障害、冷え性、婦人病、リウマチ、神経痛、胃腸病	十和田市奥瀬
秋田	**大湯温泉**	塩化物泉、硫黄泉	皮膚病、火傷、創傷、神経痛、胃腸病	鹿角市十和田大湯
	乳頭温泉郷	炭酸水素塩泉、硫酸塩泉、硫黄泉、放射能泉 ほか	リウマチ、神経痛 ほか	仙北市田沢湖田沢

都道府県	温泉名	泉質	効能	住所
岩手	**藤七温泉**	硫黄泉	皮膚病、打ち身、筋肉痛、冷え性、婦人病、神経痛、高血圧、糖尿病 ほか	八幡平市松尾寄木
	夏油温泉	塩化物泉、硫黄泉	皮膚病、火傷、創傷、婦人病、リウマチ、高血圧、胃腸病 ほか	北上市和賀町岩崎新田
	鉛温泉	単純温泉	皮膚病、筋肉痛、関節痛、婦人病、リウマチ、神経痛、糖尿病、胃腸病、痔、病後回復 ほか	花巻市鉛中平
宮城	**作並温泉**	硫酸塩泉	皮膚病、美肌、火傷、創傷、婦人病、リウマチ、神経痛	仙台市青葉区作並
	鬼首温泉	単純温泉、塩化物泉	皮膚病、創傷、リウマチ、神経痛、胃腸病 ほか	大崎市鳴子温泉鬼首
山形	**赤倉温泉**	炭酸水素塩泉、硫酸塩泉	疲労回復、皮膚病、美肌、火傷、創傷、打ち身、捻挫、腰痛、五十肩、筋肉痛、痔、関節痛、冷え性、リウマチ、神経痛、循環器障害、高血圧、糖尿病、胃腸病、喘息、病後回復、眼病、健康増進 ほか	最上郡最上町大字富澤
	蔵王温泉	含アルミニウム泉	疲労回復、皮膚病、湿疹、美肌、火傷、創傷、打ち身、捻挫、五十肩、筋肉痛、関節痛、冷え性、婦人病、神経痛、高血圧、胃腸病、病後回復、健康増進	山形市

都道府県	温泉名	泉質	効能	住所
山形	**広河原温泉**	ナトリウム、カルシウム-炭酸水素塩、塩化物泉	創傷、火傷、皮膚病、アトピー、湿疹、捻挫、虚弱児童、婦人病、神経痛、筋肉痛、痔、関節痛、五十肩、運動麻痺、関節痛、打ち身、消化器病、冷え性、病後回復、疲労回復、健康増進	西置賜郡飯豊町大字広河原
	石抱温泉	ナトリウム-炭酸水素塩、硫酸塩、塩化物泉	創傷、火傷、冷え性、美肌、胃腸病、リウマチ、皮膚病、動脈硬化症、婦人病、高血圧、心臓病、消化器病	最上郡大蔵村南山
福島	**土湯温泉**	単純温泉、硫黄泉、炭酸水素塩泉	婦人病、神経痛、胃腸病	福島市土湯温泉町
	横向温泉	単純温泉、含鉄泉	冷え性、リウマチ、神経痛、胃腸病	耶麻郡猪苗代町若宮
	野地温泉	単純温泉、硫黄泉	婦人病、リウマチ、神経痛、胃腸病	福島市土湯温泉町
	会津東山温泉	硫酸塩泉	皮膚病、火傷、創傷、リウマチ、神経痛、筋肉痛、婦人病 ほか	会津若松市東山町湯本
	二岐温泉	硫酸塩泉	疲労回復、皮膚病、火傷、創傷、打ち身、捻挫、五十肩、腰痛、筋肉痛、関節痛、痔、冷え性、リウマチ、神経痛、病後回復、健康増進 ほか	岩瀬郡天栄村湯本
	甲子温泉	単純温泉、カルシウム・ナトリウム-硫酸塩泉	神経痛、筋肉痛、関節痛、五十肩、運動機能障害、痔、打ち身、捻挫、冷え性、病後回復、疲労回復、健康増進 ほか	西白河郡西郷村真船寺平

都道府県	温泉名	泉質	効能	住所
福島	木賊温泉	単純温泉、硫黄泉	皮膚病、火傷、創傷、運動機能障害、筋肉痛、リウマチ、神経痛 ほか	南会津郡南会津町
	湯ノ花温泉	単純温泉	運動機能障害、リウマチ、神経痛、筋肉痛、創傷、火傷	南会津郡南会津町湯ノ花
	湯岐温泉	単純温泉	疲労回復、打ち身、運動機能障害、捻挫、五十肩、筋肉痛、痔、関節痛、冷え性、婦人病、リウマチ、神経痛、病後回復、健康増進 ほか	東白川郡塙町大字湯岐
栃木	塩原温泉郷	塩化物泉、硫黄泉 ほか	皮膚病、婦人病、リウマチ、神経痛 ほか	那須塩原市湯本塩原
	奥那須温泉	単純温泉	神経痛、リウマチ、冷え性、筋肉痛、皮膚病、美肌効果、病後回復期、疲労回復、胃腸病	那須郡那須町湯本
群馬	法師温泉	カルシウム・ナトリウム-硫酸塩泉	火傷、婦人病、循環器障害、胃腸病、虚弱体質	利根郡みなかみ町永井
	四万温泉	塩化物泉、硫酸塩泉	皮膚病、アトピー、創傷、神経痛、胃腸病 ほか	吾妻郡中之条町
	尻焼温泉	塩化物泉、硫酸塩泉	皮膚病、創傷、婦人病、リウマチ、高血圧、痔	吾妻郡中之条町大字入山
神奈川	姥子温泉	単純温泉、硫酸塩泉、含鉄泉	美肌、筋肉痛、冷え性、神経痛、眼病	足柄下郡箱根町元箱根

都道府県	温泉名	泉質	効能	住所
山梨	下部温泉	単純温泉	疲労回復、火傷、創傷、運動機能障害、打ち身、筋肉痛、便秘、関節痛、冷え性、リウマチ、神経痛、胃腸病、病後回復 ほか	南巨摩郡身延町下部
長野	奥蓼科温泉郷	単純酸性冷鉱泉	皮膚病、創傷、婦人病、リウマチ、神経痛、胃腸病	茅野市豊平
	白骨温泉	硫黄泉	疲労回復、美肌、婦人病、神経痛、肝臓病、胃腸病 ほか	松本市安曇
	野沢温泉	硫黄泉	皮膚病、火傷、創傷、婦人病、リウマチ、神経痛、痛風、糖尿病、胃腸病、痔 ほか	下高井郡野沢温泉村豊郷
	本沢温泉	硫酸塩泉、硫黄泉	創傷、神経痛、胃腸病	南佐久郡南牧村海尻
	切明温泉	塩化物泉、硫酸塩泉	筋肉痛、関節痛、痔、打ち身、創傷、火傷、婦人病、神経痛 ほか	下水内郡栄村大字堺
富山	鐘釣温泉	単純温泉	リウマチ、胃腸病 ほか	黒部市宇奈月町
鳥取	岩井温泉	硫酸塩泉	リウマチ、神経痛、循環器障害、便秘	岩美郡岩美町岩井
	三朝温泉	含放射能・ナトリウム-塩化物泉	神経痛、糖尿病、胃腸病、リウマチ、肩こり、腰痛、高血圧、痛風、冷え性、婦人病、アトピー、皮膚病、美肌、疲労回復 ほか	東伯郡三朝町三朝
岡山	湯原温泉	アルカリ性単純温泉	皮膚病、婦人病、リウマチ、神経痛、筋肉痛、関節痛、五十肩、打ち身、冷え性、疲労回復 ほか	真庭市湯原温泉

都道府県	温泉名	泉質	効能	住所
岡山	真賀温泉	単純温泉	神経痛、筋肉痛、関節痛、五十肩、打ち身、冷え性、疲労回復	真庭市仲間
	郷緑温泉	アルカリ性単純温泉	疲労回復、筋肉痛、関節痛、冷え症、リウマチ、神経痛 ほか	真庭市本庄
島根	千原温泉	含二酸化炭素ナトリウム塩化物・炭酸水素塩泉	創傷、火傷、皮膚病、婦人病、病後回復、高血圧症、動脈硬化、神経痛、痔、五十肩、消化器病、虚弱児童、筋肉痛、関節痛、運動麻痺、打ち身、捻挫、冷え症、疲労回復、健康増進	邑智郡美郷町千原
佐賀	古湯温泉	単純温泉	疲労回復、運動機能障害、皮膚病、打ち身、五十肩、捻挫、筋肉痛、関節痛、冷え性、婦人病、痔、神経痛、痛風、高血圧、病後回復、健康増進 ほか	佐賀市富士町古湯
大分	別府紺屋地獄	酸性明緑礬泉、硫黄泉	リウマチ、糖尿病、アトピー、水虫、ヘルニア ほか	別府市明礬
	壁湯天然洞窟温泉	単純温泉	疲労回復、打ち身、運動機能障害、捻挫、五十肩、筋肉痛、関節痛、冷え性、痔、神経痛、病後回復、健康増進 ほか	玖珠郡九重町町田
	川底温泉	単純温泉	美肌、婦人病、高血圧	玖珠郡九重町菅原

都道府県	温泉名	泉質	効能	住所
熊本	満願寺温泉	単純温泉	胃腸病 ほか	阿蘇郡南小国町
	地獄温泉	単純酸性硫黄泉	皮膚病、アトピー、創傷、リウマチ	阿蘇郡南阿蘇村河陽
	吉尾温泉	単純温泉、硫黄泉	創傷、運動機能障害、リウマチ、神経痛、胃腸病 ほか	葦北郡芦北町吉尾
鹿児島	湯川内温泉	硫黄泉	皮膚病、アトピー、リウマチ、神経痛、胃腸病	出水市武本
	指宿温泉	塩化物泉	疲労回復、皮膚病、火傷、創傷、打ち身、運動機能障害、捻挫、五十肩、筋肉痛、関節痛、冷え性、婦人病、更年期障害、神経痛、病後回復、虚弱体質	指宿市湯の浜
	白木川内温泉	単純硫黄泉	皮膚病、婦人病、創傷 ほか	出水市上大川内

李家幽竹《りのいえゆうちく》

韓国・李王朝の流れをくむ、ただ一人の風水師。
「風水は、環境をととのえて運を呼ぶ環境学」という考え方のもと、
衣・食・住、行動全般にわたるさまざまな分野でアドバイスを行なっている。
『最強龍穴パワースポット 新版』『パワースポットカレンダー』(小社)、
『李家幽竹の開運風水2019』(世界文化社)など。

Official Web Site	http://yuchiku.com
Official Twitter	https://twitter.com/rinoiyuchiku
Official Facebook	https://www.facebook.com/yuchiku.rinoie/
Instagram	http://www.instagram.com/yuchikurinoie/

李家幽竹 パワースポット温泉

2019年4月5日　初版第1刷発行

著者	李家 幽竹
発行人	川崎 深雪
発行所	株式会社 山と溪谷社 〒101-0051 東京都千代田区神田神保町1丁目105番地 http://www.yamakei.co.jp/
編集	高倉　眞
取材・文	木村 涼子
装幀	小野寺 哲浩
イラスト	伊達 智美
写真協力	篠藤　泉
校正	中井 しのぶ
印刷・製本	大日本印刷株式会社

■乱丁・落丁のお問合せ先
山と溪谷社自動応答サービス　TEL.03-6837-5018
受付時間／10:00～12:00、13:00～17:30(土日、祝日を除く)
■内容に関するお問合せ先
山と溪谷社　TEL.03-6744-1900(代表)
■書店・取次様からのお問合せ先／山と溪谷社受注センター
TEL.03-6744-1919　FAX 03-6744-1927

乱丁・落丁は小社送料負担でお取り換えいたします。

ISBN978-4-635-08012-5